Der Privatdetektiv

Der Privatdetektiv

Ermittlung · Überwachung · Begleitschutz
Wirtschaftsdienste

Leitfaden für Ausbildung und Praxis

Herbert Altmann

Forkel-Verlag Wiesbaden

CIP-Titelaufnahme der Deutschen Bilbliothek

Altmann, Herbert:

Der Privatdetektiv : Ermittlung - Überwachung - Begleitschutz - Wirtschaftsdienste ; Leitf. für Ausbildung u. Praxis / Herbert Altmann. - Wiesbaden : Forkel, 1988
ISBN 3-7719-6322-2

ISBN 3-7719-6322-2

Printed in Germany

Vorwort

Ein Hauch von Geheimnis begleitet ihn. Er ist meist Mittelpunkt einer Handlung, und in der Vorstellung des krimibegeisterten Lesers oder Fernsehkonsumenten meistert er spielend und mit entwaffnender Überlegenheit auch die schwierigsten Situationen. Ein Leben voller Spannungen und Überraschungen: So wird er gesehen, so will man ihn haben.

Der Aufgabenbereich des selbständig tätigen Detektivs ist sehr groß, und da dieser von der Ermittlung innerhalb einer zivilrechtlichen Interessenlage über die Aufklärung wirtschafts- und wettbewerbsrechtlicher Sachverhalte bis zur Hilfe für den Geschädigten bei strafrechtlichen Tatbeständen reicht, so ist der Alltag des Detektivs in der Regel relativ nüchtern und nicht selten mit intensiver Kleinarbeit ausgefüllt.

Woher kommt nun die Bezeichnung „Detektiv", und was bedeutet sie? Die Bezeichnung ist von England zu uns gekommen, wo man ursprünglich die Polizeibeamten, die mit der Aufklärung von Verbrechen beauftragt waren und im Gegensatz zu ihren uniformierten Kollegen Zivil trugen, so nannte. Das Wort „Detektiv" stammt aus dem Lateinischen und bezeichnet jemanden, der „aufdeckt, enthüllt". Die ersten Detektive waren die „Bow Street Runners" aus London, die ihren Namen ihrem in der „Bow Street" gelegenen Office verdankten. Der Name verlor sich, als in London das Detektivkorps gegründet wurde.

Gegen Ende des 19. Jahrhunderts etablierten sich die ersten Detektive im damaligen Reichsgebiet, und zwar zuerst in Berlin und Frankfurt. Bald darauf gab es auch in anderen deutschen Großstädten selbständig tätige Detektive. In der Hauptsache waren es ehemalige Kriminal- und Polizeibeamte, die aufgrund ihrer beruflichen Kenntnisse die erforderlichen Voraussetzungen für den Detektivberuf mitbrachten und mehr oder weniger erfolgreich tätig waren.

Die Tätigkeit des deutschen Detektivs hat privaten Charakter. Detektive genießen in der Bundesrepublik keine gesetzlichen Vorrechte und üben keine amtlichen Funktionen aus. Verständlich, daß die Ausübung dieses Berufes schwierig ist und die Lösung der gestellten Aufgaben umfangreiches Fachwissen erfordert.

Um im Erwerbsleben bestehen zu können, muß der Detektiv ständig bemüht sein, sich weiterzubilden und sein Fachwissen zu vervollkommnen. Er muß über den neuesten Stand der Gesetze und über neue Verfahren der Kriminalistik unterrichtet sein.

Der Beruf des Detektivs ist oft dornenvoll, erfordert viel Geduld, Ausdauer und einen festen Charakter. Wer jedoch außer diesen Anforderungen über die nötige Dosis Idealismus verfügt, wird das Unangenehme dieses Berufes gerne in Kauf nehmen.

Die in der Bundesrepublik selbständig tätigen Detektive sind Gewerbetreibende. Das Gewerbe kann von Personen ausgeübt werden, die sich vorher niemals mit detektivischen Aufgaben befaßt haben und aus völlig andersgearteten Berufen kommen. Welcher Schaden dadurch für den einzelnen Bürger und für die Allgemeinheit schlechthin entstehen kann, ist wohl jedem verständlich und braucht nicht im einzelnen erläutert zu werden. Der Mangel an fachlichem Wissen kommt auch daher, daß es nicht möglich ist, den Detektivberuf an einer Fachschule zu erlernen.

Um diese Lücke auszufüllen, habe ich mich entschlossen, aufgrund meiner Erfahrungen ein Buch zu verfassen. Dieses Buch gibt jedem das nötige Rüstzeug, um einfache kriminalistische Aufträge mit Erfolg zu bearbeiten und angeeignetes Fachwissen zu erweitern, denn gerade in einer Zeit, in der die Kriminalität erschreckend ansteigt und die Exekutive nicht mehr allein in der Lage ist, wirksame Verbrechensbekämpfung zu leisten, benötigt man mehr denn je die Hilfe des selbständig tätigen Detektivs.

Der Tätigkeitsbereich des Detektivs unterteilt sich in verschiedene Aufgabengebiete, die in diesem Buch eingehend behandelt werden:

1. Ermittlungen und Observationen,
2. Befragung von Personen,
3. Beschaffung von prozeßfähigem Beweismaterial,
4. Tatortuntersuchungen,
5. Spurensicherung,
6. Einsatz technischer Hilfsmittel,
7. Aktenbearbeitung,
8. Registratur,
9. Strafrecht, Bürgerliches Recht.

Die Tätigkeit des Detektivs umfaßt Innen- und Außendienst. Er muß Tages-, Spät- und Nachtdienst versehen und auch bereit sein, wenn es nötig ist, einmal rund um die Uhr zu arbeiten. Darüber hinaus muß er ein guter Fahrer sein und ein Gespür für den Umgang mit technischen Hilfsmitteln haben.

Ohne Zweifel ist der qualifizierte Detektiv in der Lage, einen wesentlichen Beitrag zur Erhaltung der Ordnung und Sicherheit innerhalb unserer Gesellschaft zu leisten.

Ich danke an dieser Stelle allen, die mir zur Erstellung dieses Buches wertvolle Anregungen gaben.

Der Verfasser

Inhalt

6. KAPITEL

7. KAPITEL

8. KAPITEL

9. KAPITEL

10. KAPITEL

11. KAPITEL

KAPITEL 1

Die Überwachungs- und Verfolgungstaktik

Die Überwachungstaktik

Die Überwachung von Personen gehört wohl zu den am häufigsten erteilten Aufträgen.

Unter Überwachung versteht man zum Beispiel, eine Person so zu beschatten, so daß man genau weiß, wo sie sich während der Überwachung aufhält und in welcher Gesellschaft sie sich befindet. Keinesfalls dürfen Sie sich dabei sehen lassen.

Die unauffällige Beobachtung einer oder mehrerer Personen ist weit schwieriger als gemeinhin angenommen wird. Wenn Sie eine Person zu überwachen haben, so lassen Sie sich vorerst vom Auftraggeber alle ihm bekannten Daten über die Lebensgewohnheiten des zu Überwachenden geben.

Nehmen wir an, Sie erhalten den Auftrag, ein Haus bzw. eine in diesem Haus befindliche Person zu überwachen. Wie gehen Sie vor?

Nachdem Sie anhand der Ihnen gemachten Angaben die Gewohnheiten dieser Person studiert haben, begeben Sie sich an den Überwachungsort und kundschaften das Gelände aus.

In welchem Stockwerk wohnt die Person? Auf welcher Seite? Welche Fenster gehören zu ihrer Wohnung? Hat das Haus etwa mehrere Ein- und Ausgänge? Wo kann ich mich für die Überwachung möglichst unauffällig aufhalten? Ist es möglich, sich zum Beispiel für lang andauernde Überwachungen im gleichen Haus oder im Haus gegenüber einzumieten? Wenn nicht, wo halte ich mich im Freien auf? Es ist kaum möglich, sich tagelang in einer Mauernische zu verbergen, aber in einer belebten Straße ist es tage-, ja wochenlang möglich, z. B. in der Nähe eines bestimmten Hauses Zeitungen zu verkaufen. Sie dürfen jedenfalls keinen Aufenthaltsort wählen, wo Sie von Nachbarn des zu Überwachenden oder gar von ihm selbst gesehen werden können und Sie dürfen nie vergessen, auch nur für ein paar Sekunden Ihr „Opfer“ aus den Augen zu lassen (Opfer = Zielperson).

Beispiele für eine unauffällige Überwachung:

a) aus einem Kraftfahrzeug heraus mit Blick auf das Überwachungsobjekt;
b) in einem Haus gegenüber, evtl. im Hauseingang;

c) Bereitstellen von Verkleidungen, in welchen Sie abwechslungsweise auftreten;

d) wenn möglich sich im gleichen Haus oder im Haus gegenüber einmieten.

Natürlich ist es Voraussetzung, zu wissen, ob sich die Zielperson überhaupt in der Wohnung aufhält. Sonst kann es Ihnen passieren, daß Sie stundenlang vergeblich auf deren Erscheinen warten.

Wie gehen Sie vor? Falls der zu Überwachende Telefon hat, rufen Sie an. Sie brauchen sich nicht zu melden, bevor Sie wissen, daß die sich meldende Person die gewünschte ist.

Haben Sie Ihre Zielperson identifiziert, so fallen Sie ihr ins Wort, z. B.: „Guten Tag Karl, hier Fritz, kommst Du . . .“ oder etwas ähnliches, das die Zielperson keinen Verdacht schöpfen läßt. Es wird sich natürlich sofort herausstellen, daß es nicht ihr gewünschter Karl ist, und Sie entschuldigen sich kurz und leicht unhöflich, aufhängend. Ihr Telefonteilnehmer denkt sich: „Das ist ein blöder und unhöflicher Kerl“, und wird kaum auf den Gedanken kommen, daß Sie tatsächlich etwas von ihm wollten. Dadurch wird er abgelenkt.

Sollte die zu überwachende Person telefonisch nicht erreichbar sein, so klingeln Sie an der Wohnung nebenan oder in einem anderen Stockwerk. Dort fragen Sie nach einem Herrn Soundso. Selbstverständlich soll es ein Name sein, der tatsächlich im Hause existiert, was Sie anhand der Türschilder leicht feststellen können. Die Ihnen öffnende Person wird antworten: „Herr Soundso wohnt im ersten Stockwerk“. Darauf klingeln Sie bei der Zielperson und fragen wiederum nach demselben Namen. Sie werden ebenfalls erfahren, daß Herr Soundso im ersten Stockwerk wohnt. Die Zielperson wird kaum Verdacht schöpfen, daß es für Sie nur darum ging, sich zu vergewissern, ob diese zu Hause ist.

Zu gegebenen Zeiten kann man auch als Hausierer oder Werber auftreten, doch vergessen Sie nie, immer zuerst bei anderen als der gewünschten Person vorzusprechen.

Hiermit haben wir nun die einfachsten Methoden aufgezeigt, um festzustellen, ob ihre Zielperson zu Hause ist. Im übrigen liegt es am Einfallsreichtum jedes Detektivs, sich andere Möglichkeiten auszudenken, um zum Ziel zu gelangen.

Die Überwachung im Warenhaus oder Supermarkt

Der Beruf des Privat-Detektivs bringt es manchmal mit sich, daß Sie von den Geschäftsleitungen einzelner Warenhäuser angefordert werden, für diese tätig zu werden. Bei der Überwachung in Warenhäusern tauchen hier völlig andere Perspektiven auf, zumal Sie keine vorgegebene Zielperson mit Bild und Beschreibung vorfinden. Diese Zielpersonen bzw. den Übeltäter müssen Sie selbst suchen und auf frischer Tat ertappen. Dies ist nicht immer leicht, zumal hier die Gefahr besteht, entdeckt zu werden und der Ladendieb von seinem Tun abläßt.

Nach der persönlichen Erfahrung des Verfassers haben sich z. B. spezielle Beobachtungsstände in Hochregalen und Nischen, die gegebenenfalls mit Sehschlitzen versehen sind, bestens bewährt. Hier kann der Detektiv seine Delinquenten unauffällig beobachten, ohne selbst gesehen zu werden. Diese Beobachtungsstände haben sich besonders in Selbstbedienungs-Großmärkten als sehr zweckmäßig erwiesen, da hier oft nur wenig Personal in den einzelnen Gängen anzutreffen ist. Der Verfasser selbst hat unter solchen Bedingungen zahlreiche Erfolge erzielt und kann jedem Detektiv empfehlen, sich die Besonderheiten derartiger Räumlichkeiten zunutze zu machen, wenn sie sich bieten. Wenn der Diebstahl vollbracht ist, kann der Detektiv seinen Beobachtungsstand über eine Leiter oder eine Öffnung in der Rückwand des Regals verlassen und, als Kunde getarnt, den Täter zu Fuß verfolgen. Das geschieht am unauffälligsten mit einem Einkaufswagen oder auch einem Einkaufskorb, in die man natürlich einige Artikel gelegt hat.

Falls ein Kaufhaus oder SB-Geschäft mehrere Detektive beschäftigt, sollten diese es vermeiden, gleichzeitig in einer Abteilung zu operieren. Auch sogenannte Doppelstreifen sind nicht ratsam, weil zu auffällig, es sei denn, man hat einen männlichen und einen weiblichen Detektiv zur Verfügung, die man dann als „Ehepaar“ zusammenarbeiten lassen kann. Halten Sie einen gewissen Abstand zum übrigen Personal, damit Sie nicht angesprochen werden! Der Delinquent könnte aufmerksam werden und jede weitere Verfolgung wäre umsonst.

Arbeiten mehrere Detektive zusammen, so empfiehlt es sich, einen Rollierplan zu erstellen; hierbei wird stündlich abteilungsweise gewechselt.

Nachdem sich ein Langfinger auf frischer Tat ertappt fühlt, wird er seiner Umgebung erhöhte Aufmerksamkeit schenken. Sie sollten ihn jetzt möglichst nicht mehr aus den Augen lassen. Sollte er in Ihnen möglicherweise einen Detektiv erkennen, wird er versuchen, seine „Ware“ wieder loszuwerden oder sie aus der Tasche zu holen und an der Kasse ordnungsgemäß zu bezahlen. Sie sollten den Übeltäter nicht sofort nach Tatausführung festnehmen, sondern ihn erst die „Check out line“ (Kassenzone in Supermärkten) passieren lassen, denn der Diebstahl gilt vor Gericht erst als vollendet, wenn der Dieb keine Möglichkeit mehr hat, die eingesteckte Ware zu bezahlen. Bei Kaufhäusern mit einer Kasse in jeder Abteilung oder bei Abteilungen in Supermärkten, die von Konzessionären geführt werden, kann der Ladendieb bereits festgenommen werden, wenn er die Abteilung, aus der das Diebesgut stammt, verlassen hat. Ratsam ist es allerdings, ihn ein Stockwerk höher oder tiefer gehen zu lassen, damit er keine Ausreden für sein rechtswidriges Verhalten mehr erfinden kann.

Hat ein Ladendieb erkannt, daß er bei seiner Tat beobachtet wurde und legt er die entwendete Ware wieder in das Regal zurück, so ist dies zwar gesetzlich ein Diebstahlsversuch, der jedoch bei einer weiteren Strafverfolgung ohne Folgen für den Täter bleiben wird. Sollten sie ihn später bei Verlassen des Warenhauses dennoch ansprechen, so wird er sich mit an Sicherheit grenzender Wahrscheinlichkeit damit rechtfertigen, daß er zunächst zwar die Absicht hatte, etwas unbezahlt aus dem Ladenlokal zu schaffen, dann aber Reue empfand und die Ware in das Regal zurücklegte, er also freiwillig von der Tat zurücktrat. Dieser freiwillige Rücktritt ist nach § 24 StGB strafbefreiend und das Gegenteil einer etwaigen Aussage vor Gericht schwer zu widerlegen.

Besonderes Augenmerk sollten Sie auch auf das Personal haben. Ein großer Prozentsatz der Diebstähle geht nämlich auf dessen Konto. Besonders in den frühen Morgenstunden, wenn das Geschäft noch geschlossen ist und die Beschäftigten mit dem Auffüllen der Regale oder der Warenannahme beschäftigt und somit ohne Aufsicht sind, verschwindet viel in den Taschen bzw. über die Laderampe in den Kraftfahrzeugen der Mitarbeiter. Deshalb sollten besondere Schwachstellen aufgedeckt und ihre Abschaffung mit der Geschäftsleitung diskutiert werden. Details hier zu erläutern, ist nutzlos, da die Voraussetzungen von Haus zu Haus unterschiedlich sind und nur vor Ort beurteilt werden können.

Im übrigen warnt der Verfasser eindringlich davon, sich in puncto Diebstahlsaufklärung gegen den Auftraggeber zu stellen. Zur Begründung sei folgendes Beispiel aufgeführt:

Der Verfasser war einige Jahre als selbständiger Privatdetektiv tätig. Unter anderem betreute er eine bekannte Kaufhauskette im Rhein-Main-Gebiet. Hier geschah es, daß der Geschäftsführer über den Leiter der Elektroabteilung eine neue Waschmaschine kaufte und sich diese auch in seine Wohnung liefern ließ. Aber, so erfuhr der Verfasser später von einer Verkäuferin, der Geschäftsführer bezahlte die Maschine nicht. Folglich fehlte der Betrag und es mußte ein Diebstahl angenommen werden. Der Verfasser begann zu recherchieren. Das blieb dem Geschäftsführer natürlich nicht verborgen. Nach ehe man ihn zu dem Vorfall befragen konnte, legte er einen Kassenbon mit dem Originalpreis der Waschmaschine vor. Wie am Registrierdatum unschwer zu erkennen, war der Bon zwanzig Tage nach Erwerb der Maschine ausgedruckt.

Die Ermittlungen ergaben dann folgendes: Um einen Kassenbon zu erhalten, hatte der Geschäftsführer den Betrag in die Elektrokasse eingegeben, den Bon entnommen und danach, unter Mithilfe des zuständigen Abteilungsleiters, den Betrag wieder storniert. Der betrügerische Geschäftsführer versuchte also, mit einem fingierten Kassenbon den ordnungsgemäßen Erwerb der Waschmaschine vorzutäuschen.

Anderntags meldete der Verfasser sein Ermittlungsergebnis bei der Unternehmensleitung. Sein Gesprächspartner war der Juniorchef. Dieser beschied ihn, der Geschäftsführer sei im Grunde zu diesem kostenlosen Erwerb berechtigt, er müsse dies lediglich mit seiner Jahresbilanz in Einklang bringen. Diese Antwort blieb dem Verfasser unverständlich, bis er erfuhr, daß der Geschäftsführer und der Juniorchef einst zusammen auf der Schulbank gesessen hatten. Der Verfasser erhielt als Quittung für seine Arbeit die fristlose Kündigung.

Allgemeines zur Arbeitsweise des Täters

Die Arbeitsweise des Täters (modus operandi) im Selbstbedienungsladen läßt sich in zwei große Gruppen einteilen:

1. Der „Kunde" steckt die gestohlene Ware einfach in die Taschen seiner Kleidung oder in die Einkaufstasche oder in die Taschen von über den Arm gelegten Kleidungsstücken. Einen Teil der Waren, natürlich nur die mit dem geringeren Wert, zahlt er dann an der Kasse.
2. Der Dieb versucht, überhaupt ohne Bezahlung den Laden zu verlassen. Die Gefahr lauert dann nur bei der Kassenzone. Dabei macht er sich Zeiten großen Andrangs zunutze oder sucht sich Geschäfte in Einkaufszentren oder im Stadtinnern.

Reichhaltiges Warenangebot in verführerischer Verpackung — denn das Gebot heißt ja: Die Ware muß zum Käufer! —, kein Verkäufer, der sich aufdrängt und dann noch die gerade für Selbstbedienungsläden oft typische Hektik der Geschäftsabwicklung!

Hier treten selten Berufsverbrecher auf; meistens sind es unbescholtene Personen aus gutbürgerlichen Kreisen, die vielleicht wirklich nur einmal „schwach" werden. In den meisten Fällen wirkt die erstmalige Bestrafung so abschreckend, daß die Delinquenten nicht rückfällig werden.

Für den Berufsverbrecher hat der Ladendiebstahl keinen Reiz. Er scheut Straftaten, die mühsam sind und bei denen jede Wiederholung größere Gefahr bedeutet.

Wer stiehlt was?

Diebstähle durch Jugendliche oder Kinder fallen nicht ins Gewicht. — Eine andere Gruppe sind die sog. Kleptomanen, die aus krankhaftem Trieb stehlen, um des Stehlens willen und nicht in Bereicherungsabsicht.

Daß die meisten Diebstähle gerade in Selbstbedienungsläden von Frauen begangen werden, liegt vor allem daran, daß eben Frauen in der Regel die Einkäufe erledigen, seltener Männer, weshalb diesen meist auch das Wissen um Wert und Nutzen der Waren fehlt.

Die Beute besteht hauptsächlich aus Lebensmitteln, Süßigkeiten, Toilettenartikeln, Butter, Kaffee, Nylonstrümpfen und Konserven, also aus allem, was hochwertig und ohne besondere Tricks leicht in die Tasche zu stecken ist. Auch Kugelschreiber und Zeichengeräte sind beliebte Diebstahlsobjekte.

Ein besonderes Augenmerk sollten Sie auch den Toilettenanlagen widmen, da viele Täter dort in Ruhe aus- oder umpacken oder Beute verstekken. Zurückgelassene Verpackungen und verstopfte Spülungen weisen auf solche Tätigkeiten hin.

Beim Ladendiebstahl wie auch beim Diebstahl im Selbstbedienungsladen erfolgt die Tat meist impulsiv und wird nicht vorausgeplant. Deshalb findet man im Selbstbedienungsladen nicht den Typ des Berufsdiebs, der ohnehin nur selten vorkommt, sondern bestenfalls den Gelegenheitsdieb. Dieser bestreitet zwar seinen Lebensunterhalt hauptsächlich durch Diebstahl, übt ihn aber nicht wie einen „erlernten Beruf“ aus. Mancher wird erst im Selbstbedienungsladen zum Dieb, wenn ihm die mangelnde Aufmerksamkeit des Personals und die Unübersichtlichkeit des Warenangebots ins Auge stechen.

Es wird oft behauptet, daß die meisten Diebstähle in den Hochbetriebszeiten erfolgen. Dies stimmt aber nur zum Teil. Erfahrungsgemäß steigt die Diebstahlsquote besonders vor Feiertagen stark an. Gedränge und reger Betrieb begünstigen zwar den Diebstahl, erhöhen aber auch das Risiko für den einzelnen Täter. Er kann seine Umgebung viel schwerer überwachen. Interessant ist aber, daß auch in umsatzschwachen Zeiten, besonders in den frühen Vormittagsstunden oder vor Ladenschluß, viele Diebstähle registriert werden. Die Vorbereitungszeiten für den bevorstehenden Verkauf lenken die Aufmerksamkeit des Personals in der Frühe stark ab, während gegen Ende der Betriebszeit durch Übermüdung die Aufmerksamkeit beeinträchtigt wird.

Nicht außer acht lassen will ich, wie bereits angesprochen, jene Fälle, in denen Diebstähle von Angestellten begangen werden, und zwar so, daß der Verdacht auf Kunden fällt. Es ist für einen unehrlichen Angestellten nicht besonders schwierig, seinem Filialleiter einzureden, es seien Ladendiebe am Werk gewesen. Die Gefahr, beim Diebstahl entdeckt zu werden, ist beim Ladendieb wie beim diebischen Angestellten verhältnismäßig gering, das heißt, die Dunkelziffer des Diebstahls ist unverhältnismäßig hoch. Für den Warenhaus- bzw. Privatdetektiv gehören deshalb viel Erfahrung, gute Menschenkenntnis, eine besondere Beobachtungsgabe und Einfühlungsvermögen dazu, vorbeugend zu wirken. Dabei ist äußerste Vorsicht geboten, wenn allzu übereifrige und leichtfertige Verdachtsmomente gegen vermeintliche Ladendiebe geäußert werden. Ein schlechter Ruf ist nur schwer wiederherzustellen!

Rentiert sich eine Anzeige?

Jede polizeiliche Anzeige ist besonders für den Geschäftsführer ein Verlustgeschäft. Der entgangene Gewinn übertrifft bei weitem den Durchschnittswert kleiner Ladendiebstähle. Bei der Strafverfolgung wird deshalb oftmals ein Unterschied zwischen Stammkunden und Laufkundschaft gemacht. Dies zeigt sich insbesondere in kleinen SB-Läden. Laufkunden, die das erste Mal im Geschäft gesehen wurden, werden sofort der Polizei übergeben. Normalerweise wäre in jedem Fall eine polizeiliche Anzeige fälllig. Der Firmeninhaber wird aber überlegen, ob der ausbleibende Stammkunde nicht einen höheren Geschäftsverlust bedeutet als der angerichtete Schaden. In einem solchen Fall sollten Sie sich aber mit dem Firmeninhaber bzw. Geschäftsführer abstimmen. Sollten keine Abmachungen vorliegen, erstatten Sie in jedem Falle Anzeige.

Besteht die Möglichkeit, daß Sie als „alter Hase" beim Bau eines neuen Supermarktes oder Kaufhauses zur Beratung auf dem Gebiet der Haussicherheit herangezogen werden, sollten Sie in erster Linie darauf achten, wie die dort ausgestellten Waren am leichtesten von den Angestellten überblickt werden können. Eine erfolgreiche Überwachung ist nur gewährleistet, wenn Sie es dem Täter unmöglich machen, sich hinter hoch aufgestapelten Waren zu verstecken oder zumindest im Schutz der Warenstapel Diebstähle zu begehen. Als sehr praktisch erwiesen hat sich die Verwendung des sogenannten Diebsglases oder Diebsspiegels (Venezianischer Spiegel). Hinter diesen Spiegeln verbirgt sich der Detektiv; von hier aus kann er schlecht zu überwachende Winkel gut einsehen, ohne von den Kunden selbst gesehen zu werden. Die Überwachung durch Fernsehkameras wurde zunächst in großen Lagerhäusern eingesetzt und dann mehr und mehr auch auf Selbstbedienungsläden ausgedehnt. Der Verfasser lehnt den Einsatz von Fernsehkameras für die Bekämpfung des Ladendiebstahls ab, weil

a) die Überwachung nicht flexibel durchgeführt werden kann, denn die Kamera ist nur auf einen bestimmten Punkt oder Radius festgelegt;
b) sie nach Schwarz-weiß-Geräten nur eine unzureichende Beschreibung des Diebes geben können;
c) die Bildschirme der Kameras zu klein sind, um einen evtl. Diebstahl überhaupt zu bemerken.

Außerdem stört die Technik im Selbstbedienungsladen den Verkauf, schreckt den Kunden ab und verursacht hohe Kosten.

Vorbeugung

Der wachsende Ausbau des Selbstbedienungssystems bringt es mit sich, daß das Überwachungspersonal zur Bekämpfung der Ladendiebe einer gewissen Schulung bedarf. Klar sollte auch sein, daß die Bevorzugung männlicher Privatdetektive in Selbstbedienungsläden unklug ist. Weibliche Detektive, als einkaufende Hausfrauen getarnt, haben wesentlich höhere Erfolgsaussichten.

Der Verfasser lehnt es strikt ab, für das Personal oder auch den Detektiv Prämien zur Ergreifung von Dieben auszusetzen.

Falls Sie von einem Supermarkt als Privatdetektiv angefordert werden, sollten Sie das Thema „Prämiensystem“ sofort klären, auch wenn Ihnen dadurch ein finanzieller Nachteil entstehen sollte. Bestehen Sie auf einem höher angesetzten Honorar, anstatt sich auf ein sogenanntes „Kopfgeld“ einzulassen.

Verschaffen Sie sich Gelegenheit, umfassende Personenkenntnis zu erwerben und Aufzeichnungen zu führen, die sämtlichen einschlägigen Betrieben zugute kommen müßten. Auch ein enger Kontakt zur Polizei ist von großem Nutzen, um überörtliche Maßnahmen oder allgemeine Pläne der Bekämpfung in die Tat umsetzen zu können.

Der Kunde sollte bei Verlassen des Geschäftes an der Kasse vorbei müssen, weil hier die Kontrolle am erfolgreichsten ist. Damit meint der Verfasser nicht die Überführung eines Diebes.

Plump erscheint auch die italienische Lösung, wonach vor dem Betreten des Selbstbedienungsladens jede Tasche abgegeben werden muß.

Das Verhängen von Hausverboten verspricht nur bedingt Erfolg. Der Dieb meidet wohl Ihre Firma, schädigt aber dafür ein anderes Geschäft um so mehr. Auch das Anbringen von Warnplakaten in den Läden hat keinerlei praktischen Nutzen und ist auch psychologisch wirkungslos. Sie halten keinen Täter von seinem Vorhaben ab, verstimmen aber die Kunden.

Von manchen Firmen werden auch sogenannte Geständnisformulare benutzt, die durch Unterschreiben eines Geständnisses von weiteren Diebstählen abhalten sollen. Dies ist aber eine rein innerbetriebliche Angelegenheit. Das Unterschreiben eines solchen Geständnisses sollte ohnehin nur dann erfolgen, wenn keine Polizei eingeschaltet wird.

Dabei ist dringend davor zu warnen, von dem Dieb eine höhere Summe zu verlangen, als der Kaufpreis der gestohlenen Ware beträgt. Das könnte

Nötigung oder Erpressung sein. Ein derartiger Betrag, der sich meist zwischen DM 30,— und DM 50,— bewegt, wird als Bearbeitungsgebühr oder Schadensersatz deklariert. Eine echte Bestrafung obliegt den Gerichten.

Die Tatbestandsaufnahme

Wenn Sie einen Ladendieb nach Passieren der Kassenzone gestellt haben, achten Sie darauf, daß er auf dem Weg zum Vernehmungsraum immer vor Ihnen geht. So wird er gehindert, verborgenes Diebesgut wegzuwerfen. Rechnen Sie auch mit einem Fluchtversuch.

Im Vernehmungsraum sollten Sie den Ladendieb auffordern, die entwendete Ware aus den Taschen seiner Kleidung zu holen und auf den Tisch zu legen. Gehen Sie dabei mit Takt vor und provozieren Sie keine Kurzschlußhandlung (Flucht, Schlägerei u. a.); etwa so: „Sie haben vergessen, etwas zu bezahlen. Würden Sie das bitte herauslegen". Und nicht: „Sie haben gestohlen, geben Sie die Ware her!" Sprechen Sie auch nicht auf einen bestimmten Artikel an, den sich der Beschuldigte in die Tasche steckte. Der Täter kann sich, noch bevor Sie auf ihn aufmerksam wurden, bereits aus dem Warensortiment bedient haben und die restliche Ware in seinen Taschen belassen. Ratsam ist es, nach der Herausgabe des Diebesgutes die Person nach weiteren Waren zu durchsuchen. Dieser Durchsuchung muß der Delinquent allerdings zustimmen, weil Sie sonst nicht berechtigt sind, eine Leibesvisitation vorzunehmen. Diese ist, wenn Sie Anzeige erstattet haben, der Polizei vorbehalten, die Sie um Hilfe bitten können, wenn der Beschuldigte die Durchsuchung verweigert.

Ein Täter, der außer der herausgelegten Ware nichts mehr in den Taschen hat, wird mit Sicherheit eine Durchsuchung gestatten. Daß ein männlicher Detektiv keine weiblichen Ladendiebe durchsucht, brauche ich wohl nicht besonders zu erwähnen. Überhaupt sollten Sie bei der Vernehmung von weiblichen Tätern immer eine andere Person mit im Vernehmungsraum haben. Eine erlaubte Durchsuchung an Frauen kann gegebenenfalls von einer Angestellten (Verkäuferin, Kassiererin etc.) vorgenommen werden.

Sollte der Ladendieb sich nicht ausweisen können, sollten Sie in jedem Fall die Polizei benachrichtigen. Vorhandene Ausweispapiere lassen Sie sich aushändigen, da Sie diese zur Vernehmung zur Person benötigen. Plazieren Sie sich während der Tatbestandsaufnahme so, daß Sie den Delinquenten ständig im Auge behalten und ihm auch keine Möglichkeit zur Flucht bieten.

Nach Aufnahme der Personalien (mit Beruf und Personalausweisnummer) beginnen Sie mit dem Niederschreiben des Tatbestandes. Der Wortlaut des Tatbestandes könnte z. B. folgendermaßen sein:

„In meiner Eigenschaft als Hausaufsicht/Privatdetektiv sah ich heute gegen . . . Uhr den o. g. Beschuldigten, als er mit einem mitgeführten Einkaufskorbwagen, in dem sich neben anderen Artikeln auch die später entwendete Ware befand, durch die Autozubehörabteilung unseres Hauses ging. In einem Augenblick, in dem sich der Beschuldigte vermutlich unbeobachtet glaubte, griff er in den Einkaufswagen, holte die (näher bezeichnete) Ware heraus und steckte sie in die linke Innentasche seiner Jacke. Danach begab er sich an die Kasse 5, wo er die in seinem Korbwagen befindlichen Artikel ordnungsgemäß bezahlte. Die entwendete Ware bezahlte der Beschuldigte nicht.

Nach Passieren der Kassenzone hielt ich den Beschuldigten an und bat ihn zum Büro. Bei einer Durchsuchung seiner Kleidung, die der Beschuldigte gestattete, wurden noch die Artikel X und Y gefunden. Der Beschuldigte gab auf Vorhalt den Diebstahl zu. Die Ware wurde nachbezahlt (nicht nachbezahlt, einbehalten). Bei Tatbegehung hatte der Beschuldigte noch einen Bargeldbetrag von DM . . . . bei sich“.

Unterschrift

Es sind insgesamt ein Kopfbogen und drei Durchschläge zu fertigen, wovon zwei Kopien der Polizei ausgehändigt werden und eine zu den eigenen Akten genommen wird. Wichtig ist es, den vorhandenen Bargeldbetrag des Täters zu notieren, damit sich der Richter später ein Bild für die Strafzumessung machen kann, d. h. stahl der Täter aus einer Notlage oder hätte er die Ware bezahlen können? Als Beispiel sei angeführt, daß der Verfasser einen Ladendieb stellte, der für DM 0,50 einen D-Aufkleber für sein Fahrzeug stahl und DM 3000,— Bargeld bei sich hatte. Der Täter, ein Weinhändler, wurde vom Richter freigesprochen, da es sich laut Urteilsbegründung wohl um eine Gedankenlosigkeit bzw. ein Versehen des Täters handelte.

Im übrigen sollte sich jeder Privatdetektiv an den Gepflogenheiten des jeweiligen Warenhauses orientieren.

Die Verfolgungstaktik

Verfolgungen einer oder mehrerer Personen sind eine der Hauptaufgaben des Privatdetektivs. Auch hier handelt es sich um die Verfolgung der Zielperson, ohne dabei selbst aufzufallen oder Argwohn zu erwecken.

Die Verfolgung zu Fuß

Der erhaltene Auftrag lautet:

Verfolgen Sie Herrn X, und teilen Sie mir genau mit, wohin er sich begibt, mit wem er sich trifft, und so weiter.

Wie gehen Sie nun vor? Halten Sie sich in unauffälliger Weise in der Nähe des betreffenden Hauses auf, und sobald X seine Wohnung verläßt, folgen Sie ihm in angemessenem Abstand.

Dieser Abstand richtet sich nach den jeweiligen Umständen. In belebten und verkehrsreichen Straßen schließen Sie zum Verfolgten bis auf 20 oder gar 10 Metern auf, und zwar am besten auf der anderen Straßenseite. Nähert sich X einer Straßenbiegung, einer Straßenkreuzung, einer Straßenbahnhaltestelle oder einem Taxistand, so schließen Sie sofort auf, um ihn nie aus den Augen zu verlieren. Wie leicht kann X schnell um eine Straßenecke biegen, um in einem der ersten Häuser zu verschwinden. Wenn ihr Abstand zu groß war, werden Sie Mühe haben, festzustellen, wo dies geschehen ist, oder die Spur im schlimmsten Fall überhaupt verlieren. Verlorene Spuren sind meist nur mit großem Zeitaufwand, oft sogar überhaupt nicht, wiederzufinden.

Nehmen wir nun an, daß sich X in ein Kino begibt. Was tun? Sie lösen einfach ebenfalls eine Karte und setzen sich so, daß Sie ihn während der ganzen Vorstellung im Auge behalten können. Sobald X das Theater verläßt, nehmen Sie die Verfolgung wieder auf.

Haben Sie eine sehr wichtige Verfolgung auszuführen, so versäumen Sie nicht, einen Kollegen hinzuzuziehen. Die Verfolgung zu zweit hat folgende Vorteile: Während Sie der Zielperson folgen, folgt der zweite Kollege Ihnen. Sobald Sie das Gefühl haben, daß die Zielperson etwas gemerkt hat, geben Sie ihrem Kollegen ein Zeichen. Sie selbst gehen an ihrem „Opfer" vorbei und betreten das erstbeste Haus. Ihr Kollege hat inzwischen aufgeschlossen und verfolgt nun seinerseits die Zielperson. Um den Verdacht von sich abzulenken, können Sie die Zielperson aber auch ansprechen und nach einer Straße fragen oder um Feuer für ihre Zigarette bitten. Besteigt X zum Beispiel eine Straßenbahn, dann besteigen Sie dieselbe erst kurz bevor sie abfährt, denn X könnte nur zu ihrer Täuschung eingestiegen sein, um vor der Abfahrt wieder abzuspringen.

Am Fahrziel angelangt, lassen Sie X vor sich aussteigen und verlassen die Straßenbahn erst kurz vor ihrer Weiterfahrt. Auf diese Weise verhüten Sie, daß X ohne Sie weiterfährt oder wieder einsteigt. Beachten Sie auch, daß die Straßenbahnen heutzutage mit Automatiktüren versehen sind und, wenn sie einmal geschlossen sind, in der Regel nur noch vom Fahrer geöffnet werden können.

Achten Sie darauf, X in der Straßenbahn möglichst nie ins Gesicht zu sehen, andernfalls wird er bestimmt auf Sie aufmerksam. Vertiefen Sie sich angeblich in die Lektüre einer Zeitung. Stellen oder setzen Sie sich nach Möglichkeit immer so, daß Sie dem Verfolgten nicht auffallen.

Die Verfolgung einer Person mit dem Fahrzeug

Die Verfolgung von Personen, die in einem Wagen fahren, ist wohl eine der schwierigsten Verfolgungsarten, die es gibt. Solche Aufträge dürfen Sie nur entgegennehmen, wenn Sie selbst über einen Wagen verfügen, sei es, daß Sie einen eigenen besitzen oder aber einen für ihren Zweck geeigneten zur Verfügung gestellt bekommen. Natürlich können Verfolgungen auch mit dem Taxi ausgeführt werden, doch das ist eine kostspielige Angelegenheit. Zudem muß man den Taxifahrer kennen, denn nicht jeder läßt sich bei eiligen „Opfern" antreiben.

Die Verfolgung von Autofahrern kommt so häufig vor, daß ich diese Arbeitsweise hier eingehend schildern möchte.

Die Bedingungen, die an die Verfolgung einer ein Auto benützenden Person geknüpft sind, sind folgende:

1. Ihr Wagen muß mindestens ebenso schnell sein wie derjenige des Verfolgten.
2. Ihre Fahrtechnik darf derjenigen der Zielperson nicht unterlegen sein.

Nachstehend möchte ich Ihnen zeigen, wie Sie bei Verfolgungen mit einem Wagen vorzugehen haben.

1. Parken Sie ihren Wagen immer in angemessener Distanz oder am besten in unmittelbarer Nähe in einer Seitenstraße.
2. Halten Sie ihren Wagen immer 100%ig startbereit.
3. Parken Sie ihren Wagen immer in gleicher Abfahrtsrichtung wie derjenige der Zielperson, denn für das Wenden benötigen Sie kostbare Zeit.
4. Halten Sie sich selbst stets in Bereitschaft, jederzeit wegfahren zu können.
5. Bleiben Sie möglichst unauffällig in der Nähe ihres Wagens. Wenn es dunkel ist, bleiben Sie im Wagen sitzen, falls Sie es als unnötig erachten, nachzusehen, wo sich ihr „Freund" im Moment aufhält.
6. Wenn möglich, soll sich bei einer Verfolgung immer eine zweite Person bei Ihnen im Auto befinden, welche die Zielperson viel besser beobachten kann, da Sie ja auch noch auf den Verkehr achten müssen.

Sobald X nun mit seinem Wagen wegfährt, folgen Sie ihm in unauffälligem Abstand, ohne ihn aus den Augen zu verlieren. Wenn er in eine Seitenstraße einbiegt, holen Sie so rasch wie möglich auf, um dann wieder in normalem Tempo und Abstand hinterherzufahren. Bei Straßenkreuzungen und Bahnübergängen schließen Sie immer auf und richten ihren Abstand zum verfolgten Wagen nach dem Verkehr.

Wenn Sie das Gefühl haben, daß X „Lunte gerochen" hat, dann geben Sie die Verfolgung für diesen Tag auf. Dies setzt natürlich voraus, daß Sie mit Bestimmtheit wissen, daß Sie seine Spur ein anderes Mal wieder aufnehmen können. Sie fahren also X vor und biegen um die nächste Straßenecke, um auf diese Weise seinen Argwohn zu zerstreuen.

Bei einer sehr wichtigen Verfolgung, insbesondere dann, wenn die Kosten keine Rolle spielen, ziehen Sie am besten wiederum einen oder gar mehrere Kollegen mit Autos oder Motorrädern bei. Diese sogenannten Ketten-Verfolgungen haben den Vorteil, sehr unauffällig und dabei äußerst wirksam zu sein. Das wichtigste bei dieser Methode ist, daß die Arbeitsweise und die Zeichen vorher von den Mitwirkenden eingehend besprochen werden, damit die Kette nicht abreißt.

Die Kettenverfolgung sei hier an einem Beispiel erklärt:

Drei Kollegen arbeiten zusammen und verfügen zum Beispiel über zwei Wagen und ein Motorrad. Nachdem X weggefahren ist, starten Sie mit ihrem Kollegen in der Reihenfolge: Wagen, Motorrad, Wagen. Sie verfolgen nun als erster die Zielperson, während der Motorradfahrer ihnen in einigem Abstand folgt und diesem wiederum der Wagen Ihres zweiten Kollegen. Nach einiger Zeit geben Sie dem Motorradfahrer das verabredete Zeichen, worauf er die Führung übernimmt. Sie selbst biegen in eine Seitenstraße ab oder lassen sich zurückfallen. Dann schließen Sie sich in der Kette ihrem dem Motorradfahrer folgenden Autokollegen wieder an. Nach einiger Zeit wiederholt sich das Spiel, indem der Motorradfahrer das Zeichen dem vor Ihnen fahrenden Kollegen gibt und nach dessen Übernahme der Führung hinter ihnen anschließt. Dies wiederholt sich während der ganzen Verfolgung, und X wird bei einigermaßen geschicktem Verhalten der Verfolger keinen Verdacht schöpfen.

Diese Methode hat den Vorteil, daß man recht nahe an den Verfolgten aufschließen kann, da man ja jeweils nur kurze Zeit hinter ihm ist. Wenn fremde Fahrzeuge in die Kolonne geraten, muß man natürlich sehr darauf bedacht sein, den Vordermann nie aus den Augen zu verlieren. Vor allem müssen die Führungsübernahmen bei dieser Staffette einwandfrei vor sich gehen.

Zum Abschluß dieses Abschnittes möchten wir noch auf folgende wichtige Punkte aufmerksam machen:

Merken Sie sich Details des zu verfolgenden Wagens, und prägen Sie sich diese auf das genaueste ein. Vergessen Sie nicht, daß es zum Beispiel in einer großen Stadt Hunderte von gleicher Marke und Farbe geben kann und daß Sie es verstehen müssen, einen verfolgten Wagen auf größere Distanz von anderen unterscheiden zu können.

Nehmen wir jetzt an, der Verfolgte hält an einer Straße an, steigt aus und betritt ein Haus. Werden Sie nun hinter seinem Wagen parken? Nein, Sie fahren dem Wagen vor, biegen um die nächste Straßenecke oder wenn das zu weit entfernt wäre, parken Sie etwa 50 m vor dem Wagen der Zielperson. Sie steigen ebenfalls aus und verhalten sich nun so, wie Sie es anhand des Abschnittes Überwachungen gelernt haben.

Verfolgungen mit dem Fahrrad werden auf die gleiche Weise durchgeführt wie die mit dem Auto oder Motorrad.

Die Verfolgung mit der Bahn

Als Privatdetektiv werden Sie oft Personen zu verfolgen haben, die die Eisenbahn benützen. Wir erklären Ihnen jetzt an einigen Beispielen, auf welche Weise Sie Personen auf dem Bahnhof und in den Zügen am besten beschatten können.

Wenn die zu verfolgende Person an den Fahrkartenschalter tritt, um sich eine Karte zu lösen, halten Sie sich in unmittelbarer Nähe auf, um zu erfahren, welches Fahrtziel sie verlangt. Wenn Sie dann an der Reihe sind und die Zielperson vielleicht so nahe steht, daß sie ihre Fahrtzielangabe hören könnte, so verlangen Sie einfach die nächst entferntere Station. Auf diese Weise fallen Sie nicht auf. Wissen Sie schon vorher genau, wohin X fährt, so kaufen Sie die Fahrkarte am besten schon vorher. Falls X nicht an der angenommenen Station aussteigt, können Sie den Fahrschein ja im Zug ändern lassen.

Auf belebten Bahnhöfen ist ein unauffälliges Verhalten sehr leicht. Befinden Sie sich aber auf einem kleinen Landbahnhof und müssen noch die Ankunft ihres Zuges abwarten, so beobachten Sie X über eine Zeitung hinweg oder vom Wartesaal aus. Sobald nun der Zug einfährt, lassen Sie X einsteigen und beobachten genau, in welchen Wagen er sich begibt und wohin er sich setzt. Erst ganz kurz vor Abfahrt des Zuges steigen Sie selbst ein. Damit gehen Sie sicher, daß X nicht vor Abfahrt des Zuges wieder aussteigt, ohne daß Sie es bemerken. Oft wird von zweifelhaften Subjekten der Trick angewendet, eine Reise vorzutäuschen. Lassen Sie sich nicht bluffen, denn X könnte zum Beispiel in einen Wagen einsteigen, um ihn am anderen Ende oder gar am Ende des ganzen Zuges wieder zu verlassen.

Der Zug ist abgefahren. Betreten Sie nun nicht dasselbe Abteil wie X, sondern eines nebenan. Wenn Sie überzeugt sind, daß er Sie noch nicht bemerkt hat, können Sie sich in der nächsten Station in das gleiche Abteil setzen. X wird dann annehmen, Sie wären eben zugestiegen.

Behalten Sie ihre Zielperson während der ganzen Fahrt im Auge. Seien Sie darauf gefaßt, daß X die Toilette aufsucht, um dann nach einer kleinen

„Maskierung“ als ein anderer irgendwo wieder in Erscheinung zu treten. Dies ist zum Beispiel ein alter Trick internationaler Hoteldiebe.

Sollten Sie sich aus irgendeinem Grund zu X setzen müssen, dann ist besondere Vorsicht am Platze, wenn Sie mit ihm in ein Gespräch kommen.

Nach Ankunft des Zuges am Bestimmungsort nehmen Sie die Verfolgung weiter auf, wie Sie es gelernt haben. Handelt es sich beim Fahrziel um einen kleinen ländlichen Ort, so soll ein Gehilfe die Weiterverfolgung übernehmen, denn Sie erregen sonst unweigerlich den Verdacht des Verfolgten. Merken Sie sich den Grundsatz: Verfolgungen von Eisenbahnbenützern sind, wenn kleine Ortschaften als Arbeitsort angegeben sind, grundsätzlich zu zweit auszuführen.

Die Personenbeschreibung und der Rapport

Nun haben Sie sich die Arbeitsweise des Überwachens und Verfolgens gut eingeprägt und hoffentlich bereits einige Übungen vorgenommen. Wenn Sie eine solche Arbeit in einem Auftrag ausgeführt haben, so müssen Sie ihrem Auftraggeber einen genauen schriftlichen Rapport abgeben. „Rapport“ ist der Fachausdruck für Arbeitsbericht.

Nach der Erledigung eines Auftrages schreiben Sie den abschließenden Rapport oder auf Wunsch ihres Auftraggebers auch einen Zwischenbericht, wenn die Arbeit zwar noch nicht abgeschlossen ist, aber bereits einige wichtige Ergebnisse vorliegen.

Ein solcher Rapport sieht folgendermaßen aus:

RAPPORT

Überwachung (oder Verfolgung) des Herrn X,
wohnhaft in ....

im Auftrag des Herrn Y,
wohnhaft in ....

28. März 1983

10.30 Uhr	Beginn der Überwachung am Wohnort.
11.15 Uhr	tritt X aus der Haustür (anhand der mir zur Verfügung gestellten Fotografie sofort erkannt). Beschreibung: ca. 1,70 m groß, korpulent, breites Gesicht, gesunde Hautfarbe, Alter ca. 20–23 Jahre, schwarze Haare. Trägt grauen Pulli mit geschlossenem Kragen,

schwarze Hose und schwarze Schuhe. Ohne Kopfbedekkung. Normale Gangart.

11.15 Uhr	Begibt sich zu einem Kfz. Marke VW, Farbe weiß, polizeiliches Kennz.
11.20 Uhr	Fahre mit halbem Tachoabstand mit eigenem Kfz. hinterher. X fährt über Ratsweg und Friedrichstraße in Richtung Marktplatz. Trifft dort um
11.35 Uhr	vor dem Schuhhaus Meier eine Frau.
	Beschreibung: Alter ca. 25 Jahre, Größe 1,65 bis 1,68 m, schlank, aschblonde Haare, schmales, blasses Gesicht, hinkt leicht mit linkem Fuß. Kleidung: rot-karierter Rock, roter Pullover, braune Lederstiefel, trägt braune Lederhandtasche. Die beiden begrüßen sich und gehen gemächlichen Schrittes zum abgestellten Fahrzeug von X. Beide besteigen das Fahrzeug und fahren in Richtung Hammergasse/Schnellstraße zur Innenstadt. Halten in der Hebelstraße, stellen das Fahrzeug ab und besuchen das Lokal „Zum Löwen“. Dort besprechen Sie offenbar eine ernste Angelegenheit. Die Frau wird öfters bei ihrem Vornamen Ingrid genannt. Infolge der gedämpften Sprache kann von meinem ungünstigen Platz aus keine Einzelheit des Gesprächs vernommen werden.
13.05 Uhr	verabschiedet sich die Frau und verläßt mit leicht verstört scheinendem Gesicht das Lokal.
13.12 Uhr	verläßt X ebenfalls das Lokal und fährt mit eigenem Kfz. zum Paulspark etc.

Wie Sie sehen, ist in einem Rapport von allen beteiligten Personen eine genaue Beschreibung zu geben.

Private Informationen

Sehr oft bekommt der Privatdetektiv den Auftrag, über eine bestimmte Person Einkünfte einzuholen. Dies ist eine gar nicht leichte Aufgabe und setzt viel Takt, großes Einfühlungsvermögen und Menschenkenntnis voraus.

Hier ein praktisches Beispiel:

A verlangt von Ihnen möglichst erschöpfende Informationen über einen gewissen B, den er in seinem Betrieb auf einem Vertrauensposten einsetzen möchte.

Nachdem Sie Namen, Adresse und Personenbeschreibung von B erhalten haben, begeben Sie sich an seinen Wohnort, betreten das von B bewohnte Haus und klingeln, sagen wir einmal, bei Familie Schulz. Nach höflicher Begrüßung und einer Entschuldigung wegen der Störung beginnen Sie mit Herrn oder Frau Schulz folgendes Gespräch: „Ich suche hier in diesem Wohnblock einen Herrn, leider kenne ich seinen Namen nicht genau (Sie nennen einen dem B ähnlichen Namen). Er arbeitet als . . . (nennen Sie Beruf und eventuell den Arbeitsplatz von B). Er sieht so und so aus . . . (beschreiben Sie B). Kennen Sie vielleicht in der Umgebung einen solchen Herrn?“

Herr oder Frau Schulz wird sehr wahrscheinlich auf ihr Gespräch eingehen und ihnen antworten, daß Herr B tatsächlich sogar in diesem Haus wohnt. Daß Sie diese Auskünfte einholen zu einer Zeit, da B bestimmt nicht zu Hause ist, versteht sich von selbst.

Nun wird Ihnen Frau Schulz sagen, daß er jetzt nicht zu Hause sei, denn er befände sich auf der Arbeit. Versuchen Sie, mit Frau Schulz das Gespräch zu erweitern, und wenn Sie höflich sind und geschickt vorgehen, wird ihnen Frau Schulz vielleicht sagen, daß Herr B im Hause sehr geschätzt ist, am Abend meistens zu Hause bleibt und viel arbeitet.

Nachdem Sie sich bedankt und verabschiedet haben, steigen Sie ein oder zwei Stockwerke höher und fragen bei Frau Schmitt wiederum, ob sie im Hause einen gewissen Herrn B kennt. Weisen Sie sich als Privatdetektiv aus und sagen Sie, daß sie im Auftrag eines Anwaltsbüros kämen, um wegen einer Erbschaft Informationen über B einzuholen. „Da ich nicht sicher bin, ob es sich tatsächlich um den richtigen B handelt, ganz abgesehen davon, daß er vorläufig keinesfalls etwas von dieser Erbschaft erfahren darf, wäre ich Ihnen dankbar, wenn Sie mir ein paar Auskünfte geben könnten.“ Nachdem Sie sich pro forma nach den Personalien (Familienstand, Beruf usw.) erkundigt haben, gehen Sie geschickt auf das Privatleben von B über. Möglicherweise sagt man Ihnen nun das Gegenteil von dem, was Frau Schulz gesagt hat. Frau Schmitt behauptet etwa: „Ja, den B kennt man hier gut, und zwar als wenig angenehmen Mitbewohner, er . . . und jetzt folgt eine Reihe wenig erfreulicher Dinge.

Lassen Sie sich durch gegenteilige Auskünfte nicht beirren. Informieren Sie sich bei weiteren Leuten über B. Denken Sie daran, daß persönliche Motive wie Sympathie und Abneigung das Bild, das man ihnen von B vermittelt, stark verfärben kann. Geben Sie sich niemals mit ein paar wenigen Auskünften zufrieden. Wenn es notwendig ist, so suchen Sie das Milieu von B kennenzulernen oder verfolgen Sie ihn, denn nur aus einer gewissen Informationsvielfalt können Sie ihre Schlußfolgerungen ziehen. Ihr Grundsatz, der sich allein mit der Berufsehre eines Privatdetektivs vereinbaren läßt, sei immer: Lieber überhaupt keine Auskunft an den Auftraggeber abgeben als eine halbe oder gar falsche. Das Berufsgewissen verlangt in solchen Dingen peinliche Genauigkeit.

Das Einholen amtlicher Auskünfte

Oft kommt es vor, daß Sie den Auftrag erhalten, über eine Person, von der nur Name und Adresse bekannt sind, folgende näheren Informationen zu liefern: Geburtsdatum, Geburts- und Heimatort, Arbeitgeber bzw. Art der getätigten Geschäfte, finanzielle Verhältnisse usw.

Als erstes begeben Sie sich in der Stadt auf das zuständige Kreisamt oder auf dem Lande, zur Gemeindeverwaltung. Dort erhalten Sie gegen geringe Gebühr alle Angaben wie: genauer Name, Geburtsdatum, Geburtsort, Heimatort, genaue Adresse, und bei Personen, die noch nicht lange am betreffenden Ort wohnen, woher sie zugezogen sind.

Anschließend suchen Sie das Registeramt für Eigentumsvorbehalte auf. An dieser Stelle erfahren Sie, ob die betreffende Person größere Anschaffungen auf Abzahlung gemacht hat, wie zum Beispiel Möbel, Auto oder was es heute sonst noch alles auf Abzahlung gibt.

Alle diese sorgfältig zusammengetragenen Auskünfte, vielleicht gepaart mit einer kurzen Überwachung, welche Ihnen zusätzliche Auskünfte über das Privatleben der in Frage kommenden Person gibt, befähigt Sie, sich ein genaues Bild zu machen. Eine eventuelle Information beim Arbeitgeber wird dieses Bild ergänzen und abrunden.

Zum Abschluß dieses Abschnittes möchten wir Ihnen als zukünftigem Privatdetektiv noch folgenden Grundsatz ans Herz legen:

Über alle erhaltenen Auskünfte amtlicher oder privater Natur dürfen Sie keiner Drittperson Mitteilung machen; andernfalls machen Sie sich strafbar. Alle Akten sind unter sorgfältigem Verschluß zu halten und alle Rapporte, die Sie über ihre Aufträge erstellt haben, sind auf Wunsch des Auftraggebers vor dessen Augen zu vernichten. Vergessen Sie nie, daß Sie einen Beruf ausüben, der absolute Verschwiegenheit und Vertrauen voraussetzt. Nicht umsonst heißt dieser Beruf Privatdetektiv, das heißt „privater Geheim-Polizist“.

KAPITEL 2

Die Spurenkunde

Allgemeines

Es kommt vor, daß ein Kunde die amtliche Untersuchung eines bei ihm begangenen Diebstahls ablehnt. Solche Aufträge gehen meist an einen Privatdetektiv, wenn ein öffentlicher Skandal vermieden werden soll, denn möglicherweise ist der Täter in der Familie oder im Geschäft des Auftraggebers selbst zu suchen.

Von einer vollständigen Übersicht über die Spurenkunde kann bei der Fülle des Stoffes natürlich nicht die Rede sein. Von den Sicherungsmethoden werden nur diejenigen erläutert, die leicht zu erlernen und ohne besondere Hilfsmittel anzuwenden sind. Auf die Untersuchung der Spuren kann ebenfalls nur soweit eingegangen werden, als dies für den Privatdetektiv von Bedeutung ist. Die Suche nach Spuren sowie deren sachgemäße Sicherung wird häufig unterlassen, obwohl dies im allgemeinen nicht mit großen Schwierigkeiten verbunden ist. Als Stichworte für das Vorgehen seien hier nur genannt:

1. die Augenscheinnahme
2. die Tatbestandsaufnahme
3. die Durchsuchung
4. das Protokoll
5. die Skizze
6. die Fotografie
7. die Beschlagnahme
8. die Auswertung der Spuren.

Alle Spuren, die bei einem Verbrechen oder bei dessen Vorbereitung entstehen, können über die Tat und deren Hergang Auskunft geben sowie über den Täter selbst. Oft kann jedermann aus der gefundenen Spur „lesen“, doch muß in den meisten Fällen ein Sachverständiger zugezogen werden.

Ihre erste Überprüfung am Tatort hat der Frage zu gelten, ob jemand vor Ihnen dagewesen ist und etwas berührt hat. Es ist unabdingbar, von diesen Personen Finger- und Fußabdrücke festzuhalten. Dabei müssen Sie es peinlich vermeiden, selbst Spuren zu hinterlassen. Arbeiten Sie mit Handschuhen, und versuchen Sie die Stellen zu umgehen, an denen Sie Spuren des Täters vermuten. Machen sie unbedingt alle Spuren kenntlich, die Sie selbst hinterlassen haben; denn die Rückuntersuchung Ihrer eigenen Spuren würde Sie sehr viel Zeit kosten.

Die Spurensuche

Die Spurensuche muß systematisch vor sich gehen.

Künstliches Licht ist bei der Suche geradezu notwendig; eine gute Taschenlampe genügt vollauf. Achten Sie darauf, daß Sie auch tatsächlich dort Spuren finden, wo aller Wahrscheinlichkeit nach welche entstanden sein müssen. Das Fehlen einer vermuteten Spur kann durchaus einen Hinweis zur Aufklärung geben, etwa im Hinblick auf vorgetäuschte Verbrechen.

Alle — markierten ! — Spuren werden fotografiert, und zwar sowohl in einer Übersicht wie auch in Großaufnahmen, wobei jeweils ein Maßstab mit abzubilden ist. Ergänzt werden die Aufnahmen durch eine Tatortskizze, die die Entfernungen der einzelnen Spuren voneinander festhält.

Nach der bildlichen Fixierung der Spuren folgt die eigentliche Sicherung (abgießen, abformen usw.). Man beginnt mit den Spuren, die der Gefahr der Zerstörung am ehesten ausgesetzt sind, wie z. B. Fußabdrücke im Schnee, in Flüssigkeitsresten usw. Wie diese Sicherung der Spuren vor sich geht, werden Sie in den nachfolgenden Abschnitten erfahren.

Die Verpackung der gefundenen Spuren

Alle Gegenstände mit Fingerabdrücken, wie etwa Gläser, die im Laboratorium untersucht werden sollen, sind so zu verpacken, daß sie während des Transports keinerlei Veränderung erleiden. Das Verpackungsmaterial muß selbstverständlich völlig einwandfrei sein, damit nicht Fremdkörper die Untersuchungsobjekte verunreinigen und damit das Ergebnis verfälschen.

Alle Spurenträger müssen freihängend verpackt werden: Sie nehmen eine Schachtel und montieren die Gegenstände darin so, daß sie sich gegenseitig nicht berühren. Da es in dieser Hinsicht unzählige Möglichkeiten gibt, müssen wir es Ihrer Erfindungsgabe überlassen, die jeweils geeignete Verpackung zu wählen.

Flüssigkeiten werden in luftdichte Gefäße gegeben, deren Verschluß paraffiniert wird.

Sämtliche Gefäße und Pakete sind mit den genauen Anschriften über Fundort und Datum etc. zu versehen. Sehr zweckmäßig ist es, die Ordnungsnummer oder Bezeichnung aus der Tatortskizze darauf festzuhalten.

Die Fuß- oder Schuhspuren

Als Schuhspuren bezeichnet man alle Spuren, die durch die Fußbekleidung (Schuhe, Strümpfe) entstanden sind. Die in der Praxis verhältnismäßig selten vorkommenden Spuren unbekleideter Füße werden als daktyloskopische Spuren behandelt. Unter einem „Fußbild“ verstehen wir die einzelne gut ausgeprägte Fuß- oder Schuhspur, die als Beweis dafür dient, daß eine bestimmte Person sich tatsächlich am Tatort befunden hat. Ferner zeigen sich die sogenannten Gangbilder, auf die wir im einzelnen noch zurückkommen.

Die Bedeutung der Schuhspuren für die sogenannten Tatortdelikte kann nicht hoch genug eingeschätzt werden, da solche Spuren bei den meisten Straftaten zwangsläufig entstehen. Wir dürfen sogar annehmen, daß es die Auswertung der Schuhspur war, mit der die kriminalisitische Spurenkunde ihren Anfang nahm. Neben den Fingerspuren stellen sie die in der Praxis am häufigsten vorkommende Spurenart dar.

Ein solches „Fußbild“ muß man nun „sichern“, wie der Kriminalist sagt. Das Ausmaß der Vollkommenheit einer Schuhspur hängt vor allem von der Beschaffenheit des „Spurenträgers“ (z. B. feuchter Erdboden, trockener Sand, aufgeweichter Asphalt, Butter etc.) und der Gangart des Spurenlegers ab.

Vor allem muß die Spur vor Zerstörung geschützt werden, z. B. vor Regen. Das läßt sich ganz einfach bewerkstelligen, indem man Kisten, Eimer etc. über die gefährdete Spur stülpt.

Für die Auswertbarkeit einer Schuhspur sind Art und Anzahl der an der Fußbekleidung befindlichen Merkmale von entscheidender Bedeutung. Wir unterscheiden zwischen *Schuheindruckspuren* und *Schuhabdruckspuren.*

Schuheindruckspuren entstehen dadurch, daß die Schuhbekleidung durch das Körpergewicht in relativ weiche, verformbare Massen hineingedrückt wird. Auf diese Weise werden die Konturen der Fußbekleidung sowie die auf der Lauffläche (Sohle und Absatz) befindlichen Besonderheiten (z. B. Sohlenmuster, Beschädigungen, Abnutzungserscheinungen) in den Spurenträger eingeprägt. Schuhabdruck- oder Fußabdruckspuren entstehen durch die Übertragung von Substanzen, die der Lauffläche der Fußbekleidung anhaften (z. B. Staub, Fett, Blut, Farbe). Die Qualität einer Abdruckspur hängt wesentlich von der Art der übertragenen Substanzen sowie von der Oberflächenbeschaffenheit (z. B. glatt, rauh) ab.

Bevor wir zur eigentlichen Spurensicherung übergehen, müssen wir die Spur, wie erwähnt, zeichnerisch und fotografisch sichern, das heißt meßtechnisch festhalten.

Die Abmessung eines Fußbildes enthält die Länge und Breite der Schuhsohle und des Absatzes sowie diejenige des Gelenkstückes, das Sohle und

Absatz verbindet. Beim Fotografieren müssen Sie stets einen Maßstab mit Millimetereinteilung neben die Spur legen, um

1. die tatsächlichen Größenverhältnisse der abgebildeten Spur zu erkennen,
2. verzerrt aufgenommene Objekte bei der Herstellung des fotografischen Abzuges wieder entzerren zu können,
3. anhand der Beschriftung des Maßstabes die Seitenrichtigkeit der Abbildung beurteilen zu können und
4. bei Kenntnis der farblichen Beschaffenheit des Maßstabes die Farbrichtigkeit von Spuren beurteilen zu können.

Die Verwendung stark reflektierender Maßstäbe bei dunklen Spuren führt zu großen Kontrastunterschieden, die sich bei der Herstellung fotografischer Abzüge negativ auswirken können.

Eine fotografische und meßtechnische Fixierung der Spuren ist immer vorzunehmen, damit auch dann Schlüsse gezogen werden können, wenn die Spur z. B. beim Ausgießen zerstört worden sein sollte.

Sicherung der Eindruckspuren

1. Die Vorbereitung

Wasser, das sich in der Spur angesammelt hat, muß entfernt werden, sei es durch Absaugen mit einer Spritze, mit einem Schwamm oder, bei kleinen Mengen, mit Löschpapier. Fest in die Spur eingetretene Fremdkörper sind jedoch darin zu belassen. Teilweise vorstehende Grashalme etc. sind mit einer Schere abzuschneiden. Ist der Abdruck sehr flach, so kann man mit Erde vorsichtig einen kleinen Damm ringsherum bauen oder ein biegsames Metallband um die Spur leicht in die Erde eindrücken.

2. Das Abformverfahren

Eindruckspuren in nicht transportablen Spurenträgern werden in der Regel durch Abformverfahren gesichert. In der Praxis hat sich das Gipsabdruckverfahren gut bewährt.

a) Anrühren des Gipsbreies

Für dieses Abformverfahren eignet sich am besten Modellgips. Für eine Fußspur normaler Größe braucht man ca. 1 Liter Gipsbrei. Jedenfalls muß die Menge so bemessen sein, daß die dünnste Stelle des Abgusses 2 bis 3 cm stark ist.

In eine Schale füllt man so viel Wasser, wie man Gipsbrei benötigt.

Das Gipspulver wird ohne Rühren in das Wasser gestreut, bis es nicht mehr versinkt. Dann wird die Masse verrührt, bis der Abbindevorgang (Eindicken) beginnt.

b) Ausfüllen der Spur

Dazu überdeckt man einen tiefergelegenen Bereich zunächst löffelweise mit Gips und gießt dann so viel nach, daß der Brei sich über den Boden der gesamten Eindruckspur (ca. 1 cm Dicke) verteilen kann. Wichtig ist die Fließfähigkeit des Gipsbreies: Zu dick angerührter oder zu stark abgebundener Gips stockt zu früh und formt nicht alle Einzelheiten nach.

c) Verstärkung des Gipsabgusses

Sobald der Boden der Spur gleichmäßig bedeckt ist, legt man stabilisierende Gegenstände auf den Gipsbrei. Dazu eignen sich dünne Holzstäbchen, die man vorher (etwa eine halbe Stunde) in Wasser gelegt hatte, damit sie nun dem Gipsabguß Feuchtigkeit abgeben. Um den Abguß nach dem Trocknen leichter aus der Spur nehmen zu können, legt man mit dem Guß noch einen Draht ein, den man aus der Form herausragen läßt.

d) Herausnehmen des Abgusses

Nach etwa einer Stunde ist der Gips so fest, daß man den Abguß vorsichtig aus dem Spurenträger (z. B. Erdreich) herauslösen kann. Aus festem Erdreich sticht man ihn zusammen mit dem umgebenden Boden mit einem Spaten heraus.

e) Säuberung des Abgusses

Die herausgelöste Spur mit der anhaftenden Erde muß nun noch einige Stunden trocknen, bevor mit der Säuberung begonnen werden kann. Die Erde entfernt man am besten unter fließendem Wasser. Wenn es unumgänglich ist, kann man zusätzlich eine weiche Bürste zur Säuberung benutzen.

f) Spuren in trockenem Sand oder Staub

Um Spuren in trockenem Sand oder pulverähnlichen Substanzen zu sichern, ist eine gewisse Vorbehandlung nötig. Um eine Spur für das Gipsabgußverfahren zu präparieren, muß dem Spurenträger zunächst eine ausreichende Festigkeit gegeben werden. Als Festigungsmittel haben sich alle schnell trocknende Lacke wie zum Beispiel alkoholische Schellacklösung (etwa 100 g Schellack auf 1 Liter Spiritus), Nitrolacke, Kunstharz oder Möbelpoliturlack, Haarspray oder Autowachsspray bewährt, die schnell an der Luft trocknen.

Wenn die Spur meßtechnisch und fotografisch festgehalten ist, übersprüht man sie und ihre unmittelbare Umgebung mit Hilfe eines Zerstäubers oder Fixierröhrchens mit Schellacklösung. Man darf dabei nicht direkt in die Spur hineinblasen, um sie nicht zu beschädigen, sondern muß die Düse so halten, daß sich die Sprühwolke gleichmäßig in die Spur hineinsenkt. Nach dem Eintrocknen (nach ca. 10 Minuten) wird der Sprühvorgang so oft wiederholt (etwa dreimal), bis sich die Staub- oder Sandpartikel verbunden haben. Um zu verhindern, daß sich beim Ausgießen der Spur der Gipsbrei mit Schellack verbindet, wird die Spur hauchdünn mit Talkum eingestäubt. Beim Ausgießen und bei der Säuberung des getrockneten Gipsabgusses kann verfahren werden wie oben beschrieben. Eventuell anhaftende Schellackreste am Gipsabguß lassen sich mit Spiritus entfernen.

g) Spuren im Schnee

Spuren im Schnee lassen sich in der Regel nur dann befriedigend sichern, wenn es sich um Eindrücke in verhältnismäßig festem Schnee handelt. Wegen der erhöhten Gefahr der Zerstörung oder Beschädigung ist es unumgänglich, die Spur vorher fotografisch festzuhalten.

Das Abformen im Schnee ist die schwierigste Art, Spuren zu sichern. Diese Schwierigkeiten sind physikalischer Natur, denn der Schnee hat bekanntlich eine Schmelztemperatur von 0 °Celsius, während der Gipsbrei eine höhere Temperatur aufweist. Folglich schmilzt der Schnee, bevor der Gipsbrei erstarrt ist.

Um dennoch zu einem brauchbaren Ergebnis zu kommen, seien hier zwei Verfahren erwähnt:

1.1. Sicherung durch eingedickten Gipsbrei

Zum Anrühren des Gipsbreies verwendet man Wasser, dessen Temperatur möglichst in Gefriernähe liegt (mit Eisstücken oder Schnee zu erreichen). Der Gipsbrei wird so dick angerührt, daß beim Rühren entstehende Vertiefungen nur langsam wieder zufließen. Dann gibt man den Brei, beim Absatz beginnend, löffelweise schnell in die Spur. Damit er sich der Spur schnell anschließt, muß jede Teilmenge leicht mit dem Löffel gegen den Spurengrund gedrückt werden. Nach dem Einlegen des Stabilisierungsmaterials kann die Spur dann vollgegossen werden.

1.2. Sicherung durch Einstreuen trockenen Gipses

Beim zweiten Verfahren streut man das Gipspulver ohne Wasser durch ein Sieb zu einer etwa 3 cm dicken Gipsschicht gleichmäßig ein. Diese wird anschließend mit einem Zerstäuber mit möglichst kaltem Wasser gut durchfeuchtet. Nach dem Festwerden dieser Schicht muß der Vorgang (Einstreuen und Übersprühen) noch 1- bis 2mal wiederholt werden. Sofort nach dem Aufbringen der letzten Gipsschicht wird die Spur wie beim normalen Gipsabgußverfahren mit nicht zu dünnem Gipsbrei ausgegossen.

Dieses Verfahren ist ziemlich schwierig und erfordert viel Übung. Damit Sie gute Resultate erzielen, sollten Sie es mehrmals ausprobieren, damit Sie die nötige Sicherheit bekommen.

3. Die Auswertung der gesicherten Fußspuren

Das Ziel der meisten Schuhspurenuntersuchungen ist, nachzuweisen, daß eine bestimmte Schuhspur durch einen bestimmten Schuh verursacht wurde. Eine solche Identifizierung ist nur dann möglich, wenn der Schuh bestimmte Merkmale (z. B. Beschädigungen, Bearbeitungsmerkmale, Abnutzungserscheinungen) aufweist, die in der Spur ebenfalls erkennbar sind.

Als Detektiv sollten Sie sich bei der Beurteilung von Spuren darüber im klaren sein, daß

1. die Größe und die Form der von ein und demselben Schuh verursachten Spuren, abhängig von den jeweiligen Entstehungsbedingungen, sehr unterschiedlich sein können,
2. die Sohlenmuster verschiedener Schuhe sich sehr ähneln können und
3. die Sohlenmuster der Schuhe ein und desselben Schuhpaares voneinander abweichen können.

Von einer Fußspur kann man auch auf die Körpergröße des mutmaßlichen Täters schließen, vorausgesetzt, er hat eine normale Fußgröße.

Die Körpergröße ermittelt man, indem man die Länge der Spur mit einem Faktor multipliziert, der sich aus vielen Messungen ergeben hat. Allerdings werden diese Messungen mit nackten Füßen angestellt, was bei der Berechnung einer Schuhspur zu berücksichtigen ist. Von der Länge der gefundenen Spur müssen Sie daher folgende Werte abziehen:

für eine Spur, die einen spitzen Schuh aufweist	= 30 mm,
für eine Spur, die einen breiten Schuh aufweist	= 16 mm.

Der Multiplikator zur Ermittlung der Körpergröße an Hand einer gefundenen Fußspur beträgt:

bis 219 mm	= 7,170,
220 bis 229 mm	= 6,840,
230 bis 239 mm	= 6,610,

240 bis 249 mm = 6,505,
250 bis 259 mm = 6,407,
260 bis 269 mm = 6,328,
270 bis 279 mm = 6,257,
280 bis 289 mm = 6,120,
290 und mehr = 6,080.

Beispiel:

Die gefundene Spurenlänge ist 248 mm. Da die Schuhspitze breit ist, rechnen wir: 248–16 mm = 232 mm. Auf Grund vorstehender Tabelle sehen wir, daß wir diese erhaltenen 232 mit dem Faktor 6,610 zu multiplizieren haben und erhalten eine Körpergröße von 153 cm.

Das Resultat ist selbstverständlich nur annähernd richtig, läßt aber immerhin einen gewissen Rückschluß auf die Körpergröße des Täters zu.

Die Fußlänge spielt, wegen der Abrollung des Fußes oder wegen der Schrumpfung des Trägermaterials (z. B. eingetrockneter Erdboden), eine weniger wichtige Rolle, während die Fußbreite bedeutend bessere Anhaltspunkte liefern kann. Natürlich wird man mit diesen Maßen allein kaum einen brauchbaren Identitätsnachweis führen können, da es zu viele Ausnahmen gibt. Außerdem darf man bei Schuhspuren auch nicht vergessen, daß Füße nicht nur in zu kleine Schuhe hineingezwängt werden, sondern daß aus irgendwelchen Gründen (z. B. zwecks Tarnung) ein viel zu großer Schuh getragen wird.

Nachstehend möchte ich ein Schema wiedergeben, das zum genauen Ausmessen einer Schuhspur benutzt werden könnte. Man kann sich an dieses Schema nicht starr halten, weil meistens nicht alle Einzelheiten zu ermitteln sind.

Abb. 1

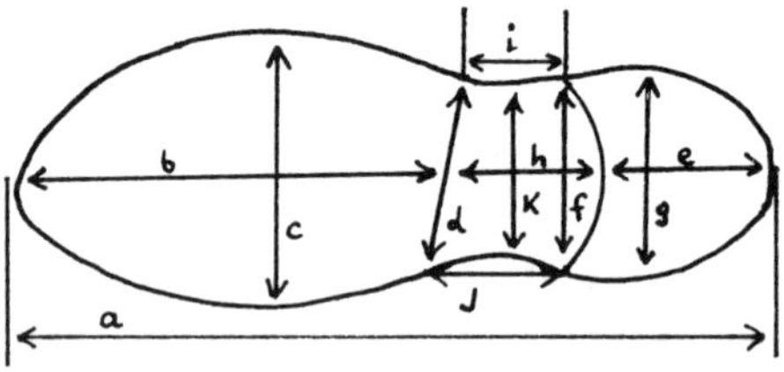

a = totale Schuhlänge
b = Sohlenlänge
c = Sohlenbreite
d = Länge der Sohlenbasis
e = Länge des Absatzes
f = Länge der Absatzbasis
g = Breite des Absatzes
h = mittlere Länge der Gelenkpartie
i = äußere Länge der Gelenkpartie
j = innere Länge der Gelenkpartie
k = mittlere Breite der Gelenkpartie

Eine in feuchte Erde getretene Spur kann bei glühender Sonnenhitze so sehr einschrumpfen, daß bei Schuhgrößen Erwachsener Differenzen von 2 cm zwischen Schuhlänge und Spur nicht selten sind. Schrumpft außerdem auch noch die Abguß- oder Abformmasse, so kann es zu Totaldifferenzen bis zu 4 cm kommen. Die Breitenmaße eines Schuheindruckes werden zwar durch den Schrumpfungsprozeß auch in Mitleidenschaft gezogen, aber der Abrollvorgang bleibt ohne Einfluß. Sie sollten deshalb den Breitenmaßen eines Schuheindruckes erhöhte Aufmerksamkeit widmen.

4. Das Gangbild

Die Gehspur bzw. das Gangbild ist eine der materiellen Spuren des Menschen, die — etwa wie die Handschrift — einen relativ großen Ausdrucksgehalt hat. Aus dem Gangbild kann man ersehen, ob sich die fragliche Person langsam, schnell, im Laufschritt oder gar rückwärts gehend bewegt hat; auch ob sie eine Last getragen hat, ist zu erkennen.

Das Gangbild setzt sich aus folgenden Faktoren zusammen:

a) Die *Ganglinie* läßt sich nur bei einer längeren Gehspur ermitteln, da sie, falls die Gangrichtung auf ein bestimmtes Ziel hinweist, auch einen Zickzackkurs aufweisen kann. Man legt sie am sichersten fest, wenn man jeweils durch die Mittelpunkte der Fersen der linken und rechten Fuß- oder Schuhspur eine *Schrittlinie* zieht und dann den Abstand zwischen diesen Geraden halbiert.

Abb. 2

Gangbild mit divergierender Fußstellung

A u. A[1]	=	Fußwinkel
B	=	Schrittbreite
D	=	Schrittlänge
S	=	Sohlenachse
GL	=	Ganglinie
SL	=	Schrittlinien

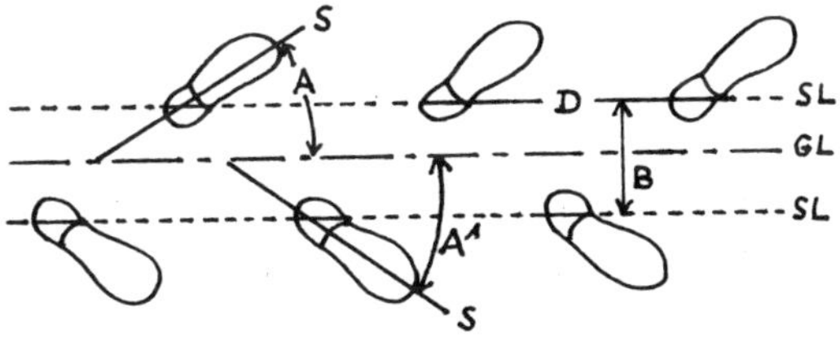

b) Den *Fußwinkel* erhalten Sie, wenn sie die Sohlenachse der Fuß- oder Schuhspur nach rückwärts verlängern, bis sie auf die Ganglinie stößt (siehe Abb. 2). In diesem Falle strebt die Sohlenachse von der Ganglinie weg, sie divergiert.

c) Der *Schrittwinkel* ergibt sich aus der Summierung der beiden Fußwinkel des rechten und linken Fußes (A + A 1 in Abb. 2). Dieser ist aber weniger wichtig, weil beide Füße (z. B. wegen Verkrüppelung) erheblich unterschiedliche Fußwinkel aufweisen können. Auch das Tragen einer schweren Last oder beschleunigtes Gehen spielen bei Schritt- und Fußwinkel bzw. Prägung des Gangbildes eine wesentliche Rolle. Der Fußwinkel erreicht den Nullwert, wenn die Fußstellung so ist, daß die Sohlenachsen praktisch parallel zur Ganglinie liegen bzw. Sohlenachse und Fußlinie zusammenfallen (siehe Abb. 3).

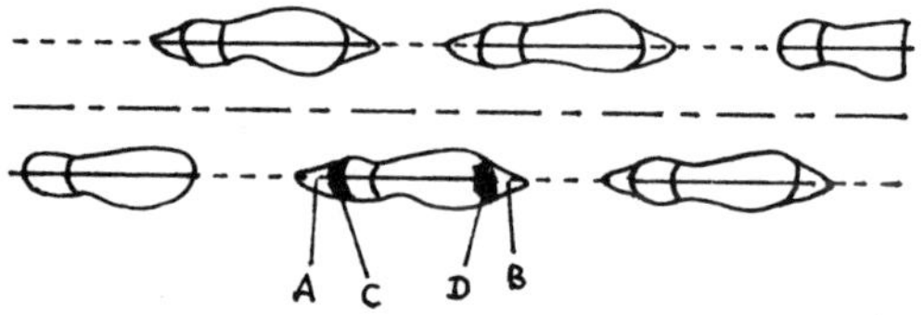

Abb. 3

Gangbild mit paralleler Fußstellung

A = Schleifspur des Schuhabsatzes
B = Schleifspur der Schuhspitze
C = Aufwurf (nach hinten) der Spitze
D = Aufwurf (nach hinten) des Absatzes

Der Fußwinkel kann aber auch in eine sogenannte Konvergenz umschlagen, wenn die Fußstellung nach innen gerichtet ist und so die nach vorn verlängerte Sohlenachse den einen Schenkel des Fußwinkels darstellt (siehe Abb. 4).

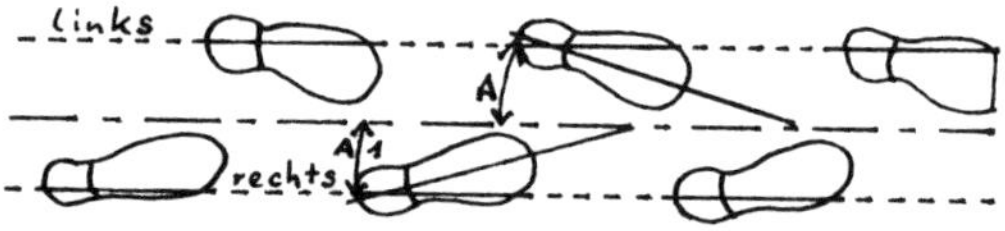

Abb. 4

Gangbild mit konvergierender Fußstellung

A u. A[1] = Fußwinkel

Ebenso kann der Schrittwinkel zum Nullwert herabsinken und sogar durch die Konvergenz (also nicht Divergenz) der beiden Sohlenachsen gebildet werden. Man kann also von einer divergierenden, einer parallelen und einer konvergierenden Fußstellung sprechen.

d) Die *Schrittbreite* ist ein weiteres nicht unwesentliches Merkmal des Gangbildes. Sie wird durch den Abstand der beiden Geraden bzw. Schrittlinien gebildet (siehe Abb. 2), die durch die Mittelpunkte der Fersen gezogen werden. Auch hier kann ein Herabsinken auf den Nullwert eintreten, wenn Fuß- und Ganglinie zusammenfallen. Es kann sogar eine „verschränkte" (überlappende) Gangart vorkommen, wie dies in Abb. 5 in extremer Form dargestellt ist.

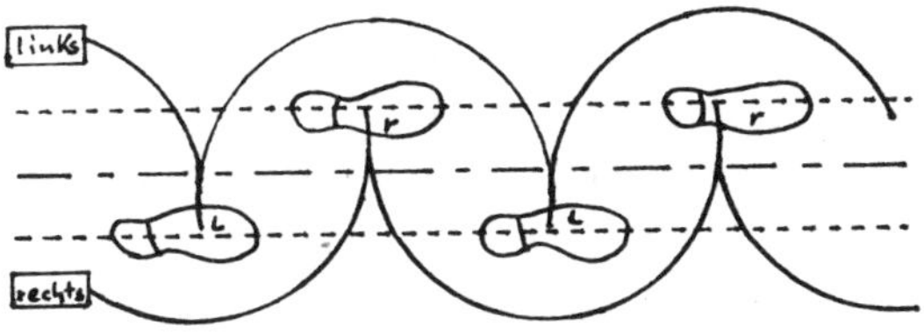

Abb. 5
Verschränkter Gang

e) Die *Schrittlänge* wird an der Fußlinie gemessen (vgl. Abb. 2). Man muß auch bedenken, daß der erste Schritt aus dem Stand heraus (Standschritt) meistens etwas kürzer ausfällt als der normale Gehschritt.

Dem Gangbild läßt sich mitunter folgendes entnehmen:

Bei *beschleunigter* Gangart (gewöhnlicher Gang):
die Schrittlänge wird etwas geringer, der Schrittwinkel dagegen größer,

Bei *langsamer* Gangart (Schlendern):
die Schrittlänge wird erheblich kürzer, der Schrittwinkel dagegen noch etwas größer,

Beim *Lauf:*
die Schrittlänge wird erheblich größer als bei normaler Gangart, der Schrittwinkel kleiner und die Schrittbreite größer.

Auch sog. *Schürf-, Wisch- oder Schleifspuren,* können Rückschlüsse bieten, besonders wenn Aufwürfe vorhanden sind. Die Schürfspuren entstehen in der Richtung der Fortbewegung, während die Aufwürfe infolge des Abstoßens nach hinten gerichtet sind (siehe Abb. 3). Vorsichtig mit der Bewertung des Abstoßens sollten Sie aber dennoch sein, da Schürf- und Schleifspuren auch durch Kraftlosigkeit, Krankheit, Trunkenheit usw. auftreten können.

Aus den Schleifspuren kann man meistens auch ersehen, ob etwa zu Täuschungszwecken ein Rückwärtsgang angewendet wurde. In diesem Falle wäre die Schürfrichtung entgegengesetzt, auch sind die Schritte meistens viel kürzer.

Die Sicherung eines Gangbildes ist für Sie zwar nur in ganz wenigen Fällen notwendig, trotzdem sind Sie anhand der vorstehend erörterten Merkmale für den Ausnahmefall gerüstet, und dann ist es gut, wenn man ein Gangbild analysieren kann.

Anzumerken sei zuletzt noch, daß Sie für die Ausmessung eines Gangbildes einen Maßstab und einen Winkelmesser benötigen.

Wenn Sie die Tiefe der gefundenen Fußspur messen und mit derjenigen ihrer eigenen Spur, die Sie am Tatort unter gleicher Bodenbeschaffenheit hinterlassen, vergleichen, so können Sie mit Bestimmtheit feststellen, ob der Täter schwerer oder leichter ist als Sie selbst. Falls beispielsweise jeweils ein Abdruck tiefer ist als der andere, so können Sie auch darauf schließen, daß die Person einseitig eine schwere Last trug oder möglicherweise hinkt.

Werkzeugspuren

Unter Werkzeugspuren versteht man die durch Einwirkung eines Werkzeugs auf einen festen Köprper entstandenen Formveränderungen.

Als Spurenverursacher kommen vor allem Werkzeuge im herkömmlichen Sinne (z. B. Hammer, Messer, Bohrer) in Betracht.

Ich beschränke jedoch diesen Abschnitt auf ein Minimum und gebe nur das Wesentlichste an, damit Sie sich auch mit der Identifikationsmethode vertraut machen können.

Die Werkzeugspuren kann man in *Eindruck-, Abdruck-, Gleit-* und *Schnitt*spuren einteilen.

Wenn ein Einbrecher mit Gewalt Türen und Behälter öffnet, so wird zwangsläufig eine dieser vorgenannten Spuren zurückbleiben. Diese Spur wird Ihnen bei genauer Prüfung die Form und unter Umständen auch die Größe des verwendeten Brechwerkzeugs verraten. Nachstehend gebe ich Ihnen einige Hinweise zur Feststellung solcher Spuren.

Sie gehen wie folgt vor: Wenn Sie die Spur abgemessen und fotografiert haben, nehmen Sie einen Abdruck aus Plastilin. Stäuben Sie vorher Zink- oder Talkpuder auf, damit das Plastilin sich mühelos ablösen läßt. Die Negativform des Plastilinabdruckes gießen Sie mit Gips aus, wobei Sie vorgehen wie beim Abguß einer Fußspur. Das Positiv ist dann das Gipsmodell der Einbruchsspur, mit dem Sie die aufgefundenen Tatwerkzeuge vergleichen können.

Mit dieser Methode können Sie auch die feinsten Scharten an Messern, Meißeln und anderen Werkzeugen feststellen und diese Gegenstände einwandfrei als Tatwerkzeuge identifizieren. Erwähnt sei noch, daß Sie solche Spuren sehr bald nach der Tat aufnehmen müssen, da sie sich häufig verändern; denken wir z. B. an das Schwinden des Holzes.

Haben Sie ein Werkzeug gefunden, von welchem Sie annehmen, daß es das Tatwerkzeug ist, dann machen Sie Probehiebe oder -stiche und vergleichen Sie die erhaltenen Kerben mit der gefundenen Spur oder deren Abguß. Unter Umständen machen Sie von Ihren Proben Vergleichsfotos in gleicher Größe wie diejenigen des Originals.

Zu diesem Abschnitt sei noch kurz erwähnt, daß Sie mit einem brauchbaren Spuren-Gipsabguß ein einwandfreies „Corpus delicti" (= Beweismittel einer strafbaren Handlung) besitzen, denn sämtliche Unebenheiten, Scharten und Rillen, die sich am Werkzeug befinden, werden als charakteristische Einzelheiten in der Spur deponiert und von einem guten Gipsabguß wirklichkeitsgetreu wiedergegeben.

Spuren von Dietrichen und anderen Werkzeugen, welche zum Öffnen von Schlössern gedient haben:

Hier gebe ich Ihnen noch einige Hinweise zur Untersuchung von Spuren, welche Werkzeuge hinterlassen haben, die zum unbefugten Öffnen von Türen oder Behältern verwendet wurden.

Hat man einen Einbruch zu untersuchen, bei dem sich keine Spuren einer gewaltsamen Öffnung finden, stellt sich die Frage, wie der Täter in den Raum eingedrungen ist. Die Vermutung liegt nahe, daß mit einem Nachschlüssel, einem Dietrich o. ä. gearbeitet wurde. Es muß also in jedem Falle eine genaue Prüfung stattfinden, besonders dann, wenn der Verdacht besteht, daß der Auftraggeber die Tat nur vorgetäuscht hat (Versicherungsbetrug usw.).

Es steht außer Frage, daß die weitaus meisten Schlösser von erfahrenen Einbrechern geöffnet werden können. Sehr oft werden auch heute noch die sogenannten Buntbartschlösser verwendet. Ihre Sicherung besteht darin, daß das Schlüsselloch besonders geformt ist, so daß nur ein Schlüssel mit entsprechend geformtem Bart eingeführt werden kann. Bei solchen Schlössern wird das Einführen eines Dietrichs (Sperrhaken) nur durch die Form des Schlüssellochs behindert, doch bedeutet dies für den Einbrecher kein Hindernis. Die Schweifungen des Schlüsselloches können am Dietrich meist herausgebogen oder entsprechend gefeilt werden. Nun kann der Dietrich im Schloß frei bewegt werden, hinterläßt aber im Innern des Schlosses meistens doch Spuren, da er, insbesonders hinsichtlich der Bartbreite, nicht dem Originalschlüssel entspricht.

Durch das Heranziehen des Dietrichs an den Schloßdeckel entstehen die charakteristischen Kratzer und um das Schlüsselloch im Innern des Schloßdeckels eine sogenannte Schleifspur in Form eines Kreises.

Türen, welche mit einem sogenannten Sicherheitsschloß zugesperrt sind, werden von gewieften Einbrechern mit einer „Spezial-Drahtbürste" geöffnet, besonders dann, wenn es sich um Schub- oder auch um Zuhaltungsschlösser handelt.

Die zum Öffnen solcher Schlösser verwendeten Drahtbürsten bestehen aus steifen Drähten, welche wohl vermögen, die Zuhaltungen anzuheben, sich aber umlegen, sobald sie auf größeren Widerstand stoßen. Solche Bürsten haben die Größe eines Originalschlüssels und können wie dieser in das Schloß eingeführt werden. Doch auch dort, wo eine solche Bürste verwendet wurde, werden Sie bei einer genauen Untersuchung Spuren finden, und zwar in der Regel bogenförmige Kratzspuren und flächenförmige Abschabungen, wie sei bei Anwendung des Originalschlüssels nicht entstehen können.

Glasbrüche

Die genaue Untersuchung von Glasbrüchen ist für den Detektiv von Wichtigkeit, besonders dann, wenn der Verdacht besteht, daß das Eindringen (z. B. durch Fenster, Glastüren etc.) zum Öffnen von Behältnissen (wie Vitrinen) vom Auftraggeber nur zum Zwecke des Versicherungsbetruges vorgetäuscht war.

Zuerst muß festgestellt werden, unter welcher äußeren Einwirkung das Glas zerbrochen ist. Zerstörungsursachen können sein:

1. mechanische Gewalteinwirkung, z. B. Schläge mit einem Werkzeug, Eindrücken einer Scheibe mit der Hand, Einwirkung eines Geschosses;
2. Explosionen und andere Erschütterungen sowie
3. Wärmeeinwirkung (z. B. in Brandfällen).

Glasbruchflächen bieten hervorragende Möglichkeiten der Integration zum ehemals intakten Glasstück, denn meistens zeigen sie eine muschelartige Plastik von unendlicher Vielfalt.

Es muß dringend davor gewarnt werden, die Zusammengehörigkeit zweier Bruchflächen durch Ineinanderpassen herausfinden zu wollen, weil durch eine solche Manipulation meist feinste und wichtige Einzelheiten der Plastik zerstört werden. Ein behutsames Nebeneinanderlegen muß genügen, bis die Möglichkeit einer Untersuchung unter dem Mikroskop erfolgen kann.

Zu den Glasbrüchen sind auch die Kegelaussprengungen bzw. Kraterbildungen zu zählen, die durch das Projektil einer Schußwaffe oder das Wurfgeschoß einer Schleuderwaffe auf der Rückseite der getroffenen Scheibe entstehen.

Glasdurchschüsse lassen meistens wertvolle Feststellungen zu. Die Ausschußseite zeigt immer die o. g. trichter- oder kraterförmige Aussprengung. Befinden sich die Randsplitterungen nur an einer Seite des Kraters, so ist der Durchschuß in einem entsprechenden Winkel zur Glasscheibe erfolgt. Je schräger der Durchschuß ist, um so schiefer ist der Ausschußtrichter. In Abb. 6 wird dies veranschaulicht.

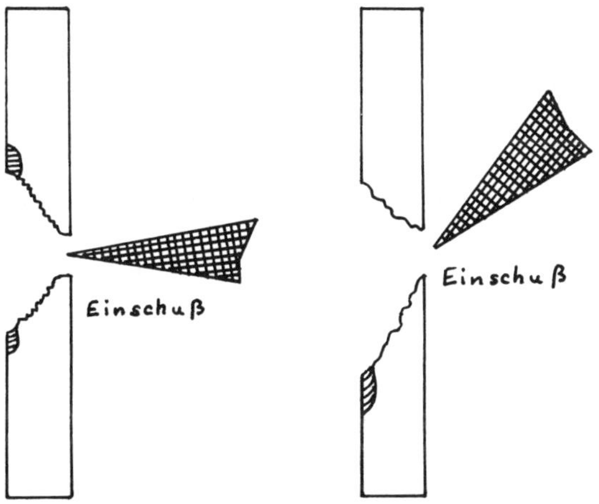

Abb. 6

Bei einem Durchschuß entstehen auch strahlenartig (= radiäre) wegstrebende und konzentrische Sprünge (siehe Abb. 7); sie können aber auch fehlen, insbesondere die radiären. Diese Sprünge haben meist nur dann eine Bedeutung, wenn mehrere Durchschüsse vorliegen.

An Hand des Verlaufes der radiären Sprünge bzw. aus der Tatsache, daß ein Sprung in einen anderen mündet und dort endet, kann man den Schluß ziehen, daß ihm der andere, in den er einmündet, in der Entstehung vorangegangen sein muß. Die nachfolgende Abb. 7 wird dies näher veranschaulichen. Die Sprünge sind zwecks Vereinfachung gradlinig eingezeichnet worden.

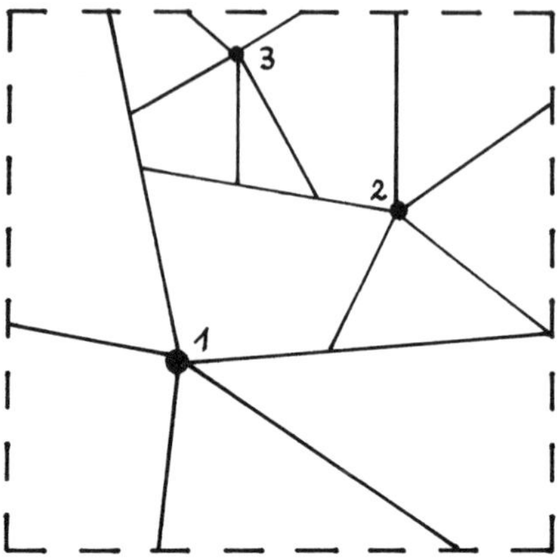

Abb. 7

Glassprünge

Wird eine in ihrem Rahmen sitzende Glasscheibe durch einen Schlag o. ä. getroffen, so treten neben dem vermutlichen Ausbrechen (Durchbruch) im unmittelbaren Gewaltzentrum zuerst radiale Sprünge auf. Dies ist die erste Phase des Bruches. Die Radialsprünge oder -brüche zeigen an ihren Bruchflächen die Muschelbildungen, die nach der dem Druck abgewandten Glasseite geöffnet sind.

In der zweiten Phase des Bruches bilden sich wegen des durch die Verankerung im Rahmen gegebenen Gegendruckes die konzentrischen Sprünge (siehe Abb. 8). Die konzentrischen Sprünge brauchen nicht nur in einer einzigen und geschlossenen Ringlage vorzukommen, sondern es können auch zwei und mehr auftreten.

Durch *Hitzeeinwirkung* können auch Glassprünge entstehen, die dann im allgemeinen auffällig lang sind und die das eindeutige Gewaltzentrum vermissen lassen. Herausfallende Glasstücke liegen in der Regel auf der Seite der Hitzeeinwirkung. Eine unmittelbare und konzentrierte Flammeneinwirkung hat vielfach das Heraussprengen eines entsprechend großen Glasstückes zur Folge.

Glasbrüche, die ihre Ursache in *Explosionen* haben, sollen in diesem Buch unerwähnt bleiben, da eine Analyse in der Regel nur vom Spezialisten durchgeführt werden kann, die labortechnisch erfolgen muß.

Wie Sie aus diesem kurzen Lehrgang über die Spurenkunde ersehen haben, werden Sie bei gründlichem Suchen immer wieder Spuren finden, die der Täter hinterlassen hat. Es bleibt dann Ihnen überlassen, diese

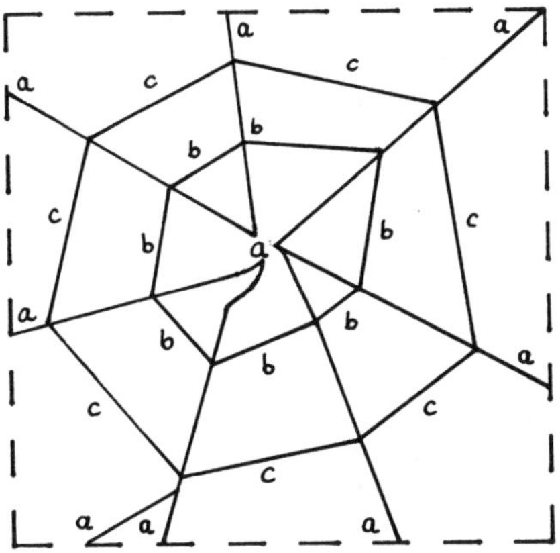

Abb. 8

a = Radialsprünge (-brüche)
b = konzentrische Brüche (primäre)
c = konzentrische Brüche (sekundäre)

Spuren richtig auszuwerten und das Tatwerkzeug oder den Täter ausfindig zu machen. Über die Spurenkunde wäre noch sehr viel zu sagen, doch würde es den Rahmen dieses Buches sprengen, wollte man alles Wissenswerte aus diesem Bereich hier abhandeln.

Die Hauptsache für Sie bleibt jedoch, sich immer wieder darin zu üben, dort Spuren festzustellen, wo andere keine finden, und sie zu identifizieren.

KAPITEL 3

Die Daktyloskopie

Im vorangegangenen Kapitel haben wir die Spurenkunde im allgemeinen behandelt. Nun wollen wir uns die wichtigste Spur, die ein Verbrecher hinterlassen kann, nämlich die Fingerabdrücke, näher ansehen. Es ist für den Detektiv sehr wichtig, bei der Untersuchung von anonymen Schreiben, von Diebstählen usw., Fingerabdrücke feststellen und identifizieren zu können. Vorausgesetzt ist natürlich immer, daß der Auftrag von privater Seite erfolgt und absolute Gewähr gegeben ist, daß keine amtliche Stelle ebenfalls die Untersuchung aufnimmt. Bevor wir nun näher auf die Fingerabdrücke eingehen, noch kurz ein paar geschichtliche Hinweise auf dieses interessante Gebiet.

Die Geschichte der Daktyloskopie ist viel älter als allgemein angenommen wird. Bereits in den Jahren 960 bis 1278 verwendeten die Chinesen Fingerabdrücke zu Studienzwecken. Als Erkennungsmittel wurden sie in Europa jedoch viel später eingeführt. Im Jahre 1823 verfaßte J. E. Purkinye das erste wissenschaftliche Werk über die Klassifizierung der Fingerabdrücke an Hand der Papillarlinienbilder. Aber erst 30 Jahre später führte der in der indischen Zivilverwaltung angestellte William Herrschel das Fingerabdruckverfahren zu polizeilichen Zwecken ein. In England wurde später das sogenannte Galton-Henry-System entwickelt, welches heute noch maßgebend ist.

Das Wort „Daktyloskopie" stammt aus dem Griechischen und bedeutet genau übersetzt „Fingerschau". Vom kriminalistischen Standpunkt aus gilt der Fingerabdruck als der sicherste und unwiderlegbarste Beweis für eine Täterschaft, und zwar wegen der Tatsache, daß es auf der ganzen Erde keine zwei genau gleichen Fingerabdrücke gibt. Nach einer von einem deutschen Fachmann vor dem Krieg aufgestellten Wahrscheinlichkeitsrechnung besteht die Möglichkeit, daß zwei genau gleiche Abdrücke auftreten, erst bei einer Bevölkerung von 64 Milliarden Menschen. Als äußerst seltene Ausnahme gelten die Fingerabdrücke von eineiigen Zwillingen, die meist sehr ähnlich, bei genauer Untersuchung jedoch niemals identisch sind. Erwähnenswert ist der Fall einer geschickten Täuschung der Polizei, welcher sich vor nicht allzulanger Zeit in Frankreich zutrug: Ein Verbrecher präparierte die Fingerabdrücke eines anderen auf die Handschuhe, mit welchen er „arbeitete".

Wir haben bereits die Papillarlinienbilder der Fingerabdrücke erwähnt. Was sind nun diese Papillarlinien? Entsprechend den Sohlenballen der Tiere haben sich beim Menschen, wie übrigens auch beim Affen, an den Fingern und Händen sogenannte Tastlinien, oder wie der Kriminalist sagt,

„Papillarlinien“, ausgebildet. Diese Tast- oder Papillarlinien bilden feine Schleifen, Wirbel, Spiralen usw. und sind besonders deutlich auf jeder Fingerspitze, an den Daumen- und Kleinfingerballen sowie unterhalb der Spalten zwischen 2. und 5. Finger zu erkennen.

Diese Linien bilden sich bereits beim Embryo aus und bleiben während des ganzen Lebens des Menschen nach Zahl und Form unverändert. Wohl vererben sich bestimmte Hauptmuster, doch wechselt die Zahl der Einzellinien, Inseln, die Lage und Richtung der Schleifen etc. derart, daß eben zwei genau gleiche Linienmuster nicht vorkommen. Damit können die Fingerabdrücke auf Grund der Hauptmuster klassifiziert werden, und es ist der Stolz der Kriminalpolizei jedes Landes, eine möglichst lückenlose Sammlung der Fingerabdrücke von Kriminellen zu besitzen.

Als Privatdetektiv werden Sie kaum die Möglichkeit haben, eine größere daktyloskopische Sammlung anzulegen, weshalb wir hier das System der Klassifizierung nicht ausführlich behandeln wollen. Es sei darauf hingewiesen, daß in diesem Kapitel nur das für einen Privatdetektiv Notwendige zusammengefaßt ist. Es würde zu weit führen, die Daktyloskopie eingehender zu behandeln, denn die Fülle des Stoffes würde allein hunderte von Seiten beanspruchen, ganz abgesehen davon, daß wir dieses Gebiet dem ausgesprochenen Spezialisten vorbehalten wollen.

Der sichtbare Fingerabdruck

Der sichtbare Fingerabdruck wird dadurch erzeugt, daß der Täter Gegenstände berührt, welchen Farbe, Ruß, Blut usw. anhaftet. In den wenigsten Fällen sind jedoch auf einem anonymen Schreiben oder an einem Tatort solche Abdrücke zu finden, so daß Sie die unsichtbaren Fingerabdrücke zu suchen haben.

Der unsichtbare Fingerabdruck

Der unsichtbare, oder wie der Fachausdruck lautet, „latente“ Fingerabdruck entsteht dadurch, daß sich beim Berühren von glatten Gegenständen kleinste Schweiß- oder Fetteilchen, die sich auf den Papillarlinien immer befinden, absetzen. Damit bleibt das Papillarlinienmuster des Täters auf den berührten Gegenständen zurück. Der Schweiß enthält zwar zum größten Teil Wasser (nämlich 98,5 bis 99,5%) und nur 0,5 bis 1,5% feste Substanzen, die, nach Heindel, aus etwa einem Drittel Natriumchlorid und zu etwa zwei Dritteln aus Harnstoff, flüchtigen Fettsäuren und sehr geringen Mengen Eiweiß bestehen. Dazu gelangt in der Regel noch Fett von außen auf die Fingerhaut. Diese Spuren von Substanzen genügen jedoch, einen Täter zu verraten.

Entstehung daktyloskopischer Abdruckspuren

Bei den meisten Straftaten ist der Täter gezwungen, Gegenstände mit den Händen zu berühren, so daß zwangsläufig daktyloskopische Spuren entstehen, falls der Täter nicht Handschuhe trägt. Aber selbst dann können daktyloskopisch auswertbare Spuren entstehen, wenn sich nämlich die Handschuhe im Bereich des Handgelenks verschieben und die freiliegenden Papillarleisten der unteren Handfläche identifizierbare Spuren hinterlassen. Es sind ferner zahlreiche Fälle bekannt geworden, in denen der Täter zunächst mit Handschuhen arbeitete, diese aber dann ablegte, wenn er auf das Tastgefühl besonders angewiesen war (z. B. beim Aufsperren eines komplizierten Schlosses mittels spezieller Schließwerkzeuge).

Latente Abdruckspuren

Je nach der farblichen Beschaffenheit der spurenverursachenden Substanz und des Spurenträgers (z. B. Kassenschrank, polierte Tischflächen, Gläser etc.) sind die Fingerabdruckspuren mehr oder weniger sichtbar. Latente (= unsichtbare) Spuren können durch besondere Mittel sichtbar gemacht werden. Latente Fingerabdrücke entstehen jedoch nicht nur durch farblose Substanzen (Schweiß, Fett), sondern mitunter auch dann, wenn

a) die Farbe der übertragenen Substanzen (z. B. Blut, Farbstoffe, Staub) mit der Farbe des Spurenträgers übereinstimmt oder
b) die ursprünglich sichtbare Spur nachträglich durch andere Substanzen (z. B. Brandruß, Staub) überdeckt wird.

Identifizierbare Fingerabdruckspuren können nur auf verhältnismäßig glatten Spurenträgern entstehen. Auf zu rauher Oberfläche kommt die Feinstruktur des Papillarleistenbildes nicht mit hinreichender Genauigkeit zum Abdruck.

In vielen Fällen werden Sie die Abdrücke am besten finden, wenn Sie den Lichtkegel einer Taschenlampe schräg auf die verdächtigen Gegenstände fallen lassen. Latente Abdruckspuren, die sich auf Gläsern und polierten Flächen befinden, können oft auch durch Anhauchen sichtbar gemacht werden.

Wenn Sie auf diese Weise keinerlei Abdrücke vorfinden, so ist damit noch nicht gesagt, daß überhaupt keine vorhanden sind. Meist müssen sie eben erst sichtbar gemacht werden, indem die verdächtigen Stellen mit Chemikalien, die ich Ihnen nachstehend für die verschiedenen Materialien angebe, eingestäubt werden.

Tabelle der zum Färben von Fingerabdrücken geeigneten Chemikalien:

Für Abdrücke auf Glas	Antimonsulfat, Eisenoxyd, Bleisulfat, Antimonpulver (Spießglanz), Rußpulver
auf Porzellan	Antimonsulfat, Englisch-Rot, Rußpulver
auf (nur poliertem) Holz	Bleiweiß, Bleisulfat, Antimonsulfat, Magna-Brush-Pulver
auf Metall	Bleiweiß, Bleisulfat, Eisenkarbonat, Flammruß
auf Papier	Kienruß, feines Graphitpulver, Argentorat, Joddämpfe, Rußpulver
Textil und Leder	Magna-Brush-Pulver

Die Sichtbarmachung latenter Abdruckspuren mit diesen Substanzen beruht auf dem Umstand, daß die durch die Finger übertragenen Spurensubstanzen (z. B. Schweiß-Fett-Gemisch) in der Regel andere Adhäsionseigenschaften (= Haftvermögen) haben als die Oberfläche des Spurenträgers. Das mit einem Pinsel auf den Spurenträger gebrachte Einstaubmittel bleibt deshalb nur an den durch die Hautleisten übertragenen Substanzen haften. An dem substanzfreien Bereich zwischen den einzelnen Hautleistenabdrücken bleibt das Pulver nicht oder nur sehr wenig haften. Wenn ein Abdruck auf porösem Papier nur undeutlich erscheint, so bedient man sich des sogenannten Jodverfahrens nach Dawton.

Das Verfahren besteht darin: In einem Schälchen aus Metall werden einige Körnchen Jod durch schwaches Erwärmen zum Verdampfen oder richtigerweise, „Sublimieren“, gebracht. Nun wird das Papier mit den vermuteten Fingerabdrücken (oder auch unsichtbare Schriften) über diese Joddämpfe gehalten, und die Abdrücke erscheinen in dunkelroter bis dunkelbrauner Farbe auf dem Papier. Da der solchermaßen sichtbar gemachte Abdruck nicht haltbar ist, muß das Papier sofort zwischen zwei Glasplatten gelegt und fotografiert werden.

Die Frage, wie lange ein Fingerabdruck haltbar ist, kann nicht eindeutig beantwortet werden. Dies hängt von verschiedenen Faktoren ab, wie chemische Zusammensetzung der Hautabscheidung, Feuchtigkeitsbedingungen des Fundortes und ob der vom Täter berührte Gegenstand für Abdrücke günstig oder träge ist. Man kann sagen, daß eine Fingerabdruckspur unter günstigen Verhältnissen mehrere Monate lang haltbar, bei ungünstigen Umständen jedoch schon nach wenigen Tagen oder gar Stunden nicht mehr zu entwickeln ist.

Kalte Spurenträger aus Glas (z. B. Fensterscheiben) oder ähnlichem Material sind vor allem im Winter allmählich der normalen Zimmertemperatur anzupassen, um einen Feuchtigkeitsniederschlag und damit eine Beeinträchtigung der latenten Fingerspuren zu vermeiden. Feuchte Spurenträger sind vor Anwendung des Einstaubverfahrens bei Zimmertemperatur zu trocknen. Besteht die Gefahr, daß Flüssigkeit über möglicherweise spurentragende Bereiche abläuft, ist der Spurenträger in waagerechter Lage zu trocknen.

Bleibt das Einstaubmittel nicht haften, obwohl die Spur im Schräglicht schwach erkennbar ist, kann die Spur durch Anhauchen so günstig beeinflußt werden, daß nach Verflüchtigung der Hauchwirkung das Einstaubmittel an ihr haften bleibt. Vorher kann der Versuch der fotografischen Sicherung gemacht werden. Überhaupt sollen alle in Frage kommenden Fingerspuren fotografisch festgehalten werden.

Dieselbe Wirkung wie beim Anhauchen kann auch durch kurzes Aufkleben einer schwach klebenden Folie (Schwarzfolie oder Weißfolie) erreicht werden.

Beschreibung der in Betracht kommenden wichtigsten Einstaubmittel

Rußpulver besteht aus feinstverteiltem Kohlenstoff und hat ein gutes Haftvermögen. Es wird in verschiedenen Mischungen (hauptsächlich mit Lykopodium, Eisenoxyd) angeboten und eignet sich gut für die Sicherung bei überfetteten Spuren. In der Praxis kann es in der Mehrzahl aller Fälle verwendet werden.

Argentorat ist ein silberglänzendes Pulver, das zum größten Teil aus Aluminiumpulver besteht, mit Zusätzen von Eisen- und Kupferpulver. Es hat infolge seines hohen Feinheitsgrades gegenüber Rußpulver den Vorteil, daß es sehr gut haftet und deshalb besonders für ältere Spuren bzw. Spuren mit geringem Haftvermögen geeignet ist.

Die mit Argentorat sichtbar gemachte Spur ist bei anschließender Sicherung mit Schwarzfolie farbverkehrt, so daß durch zusätzliche fotografische Maßnahmen die Farbrichtigkeit hergestellt werden muß.

Magna-Brush-Pulver ist eine Mischung aus Eisen- und Nickelpulver, das mit verschiedenen Farbstoffen versehen wurde. Das Pulver gibt es in den Bezeichnungen tiefschwarz, schwarz, grau und silber.

Flammruß wird durch eine rußende Petroleumlampe oder abbrennende Kampferkristalle erzeugt. Das Flammrußverfahren kann dort mit Erfolg angewandt werden, wo die Spuren an verchromten, verzinkten oder ähnlichen Oberflächen kein herkömmliches Einstaubpulver annehmen.

Der überschüssige Ruß kann nach dem Erkalten vorsichtig mit einem Wattebausch, der immer in dieselbe Richtung bewegt werden muß, entfernt werden. Auch kann man überflüssige Rußreste, die sich in den rauhen Oberflächen abgesetzt haben, mit einem leichten Wasserstrahl (Brause) abspülen.

Der Fingerabdruck verdient besondere Aufmerksamkeit bei der Spurensicherung, denn er hat juristische Beweiskraft.

Da Sie an einem Tatort meist mehrere verschiedene Fingerabdrücke auffinden werden, ist es wichtig, diese verschiedenen Arten von Mustern identifizieren zu können. Sie müssen versuchen, in den Besitz der Abdrücke aller verdächtigen Personen zu gelangen. Unschuldige Personen werden Ihnen den Abdruck immer freiwillig geben. Verdächtigen versuchen Sie Gegenstände in die Hände zu spielen, zum Beispiel Gläser, Fotos, verchromte Zigarettenetuis usw.

Das Abnehmen der Fingerabdrücke von Zeugen, Tatverdächtigen und Spurenträgern

Wenn wir am Tatort Abdrücke gefunden haben, müssen wir uns die Frage stellen, ob sie vom Täter oder vom Opfer stammen. Einzig die genaue Untersuchung aller Abdrücke und ihr Vergleich kann uns diese Frage beantworten. Vergessen Sie nicht, daß sich außer dem Täter auch andere Personen am Tatort aufgehalten und ebenfalls ihre Abdrücke irgendwo hinterlassen haben. Es muß daher der Abdruck aller dieser Personen sichergestellt werden.

Für alle in Frage kommenden Personen legen wir eine Liste gemäß Abb. 8 an. Auf dieser Liste werden außer den Personalien die Abdrücke sämtlicher Finger, und zwar in folgender Reihenfolge aufgenommen: Daumen, Zeigefinger, Mittel-, Ring- und kleiner Finger, zuerst der rechten und dann der linken Hand. Dazu geht man folgendermaßen vor:

Man benötigt dazu eine Glasplatte von etwa 5 mm Dicke oder auch eine polierte Kupferplatte, eine Gummiwalze und etwas Druckerschwärze. Nun bringen Sie auf die Platte etwas Druckerschwärze, die Sie mit Hilfe der Gummiwalze oder auch mit einem ganz weichen Pinsel möglichst gleichmäßig verreiben. Je weniger Farbe Sie nehmen und je gleichmäßiger Sie sie verteilen, um so sauberer wird der Abdruck. Nun ersuchen Sie die in Frage kommenden Personen, die Hände gründlich zu waschen und versehen ihnen die Fingerkuppen mit Farbe, indem Sie sie dazu veranlassen, die Finger auf die eingefärbte Glasplatte aufzudrücken. Den gefärbten Finger rollen Sie dann auf dem vorbereiteten Papierbogen ab. Wie Sie nun an den entstandenen Fingerabdrücken feststellen werden, sind die ersten mehr oder weniger sauber, selten aber vollkommen, da der abgerollte Fingerabdruck immer einen sogenannten Fahnenabzug auf den oberen Teilen erzeugt.

Abdruckbogen

<table>
<tr><td colspan="3">Name</td><td colspan="2">Vorname</td></tr>
<tr><td colspan="3">Beruf</td><td colspan="2">Anschrift</td></tr>
<tr><td>geb.</td><td colspan="3">Geburtsort</td><td>Familienstand</td></tr>
<tr><td>R.D.</td><td>R.Z.</td><td>R.M.</td><td>R.R.</td><td>R.K.</td></tr>
</table>

Abb. 9

Die Einfärbung durch Stempelkissen führt im allgemeinen zu schlechteren Ergebnissen.

Der *„abgerollte"* Fingerabdruck entsteht durch das Abrollen der Finger auf dem Gegenstand. Dieser Abdruck zeigt uns nicht nur die mittleren, sondern auch die seitlichen Papillarlinien der Fingerkuppe und damit den vollständigen Fingerabdruck. Es ist dies der Abdruck, welcher immer bei der Abnahme von Fingerabdrücken aufzunehmen ist. Da der abgerollte Fingerabdruck der vollständigere ist, enthält er natürlich auch das Bild des aufgedrückten positiven Fingerabdrucks.

Der *„aufgedrückte"* Fingerabdruck wird dadurch erzeugt, daß ein Gegenstand mit dem Finger berührt oder gehalten wird. Es sind dies die an einem Tatort oder auf einem anonymen Schreiben am meisten anzutreffenden Abdrücke.

Es ist nicht immer leicht, die Abdrücke von Verdächtigen freiwillig zur Analysierung zu erhalten. Dann ist der Augenblick gekommen, wo Sie als Privatdetektiv am Rande des Möglichen angelangt sind und daher auch auf unkonventionelle Art versuchen müssen, in den Besitz derselben zu gelangen. Dies so raffiniert wie möglich anzustellen, müssen wir ihren persönlichen Fähigkeiten und ihrer Phantasie überlassen.

Folienabzug

Das Abziehen von dunklen Pulversubstanzen kann mit einer durchsichtigen oder einer Weißfolie geschehen, während hellfarbene Pulversubstanzen (z. B. Aluminiumpulver) mit durchsichtiger Folie abgezogen und auf einen schwarzen Karton geklebt werden. Die Spuren sind zwar seitenrichtig, aber farbverkehrt. Wie bereits erwähnt, können sie anschließend fotografisch umgestellt werden.

Die abgezogene transparente Folie wird mit den an ihr befindlichen Spurensubstanzen bei Vermeidung von Luftblasen und Falten so auf den schwarzen bzw. weißen Karton aufgeklebt, daß die Papillarlinien gut sichtbar werden.

Die Analyse der Fingerabdrücke

Die Fingerabdrücke werden in 4 Hauptgruppen eingeteilt (siehe Abb. 9).

1. Die Bogen- oder Tannenform
2. Das Schleifenmuster links mit Delta rechts
3. Das Schleifenmuster rechts mit Delta links
4. Die Wirbelform mit Delta links und rechts

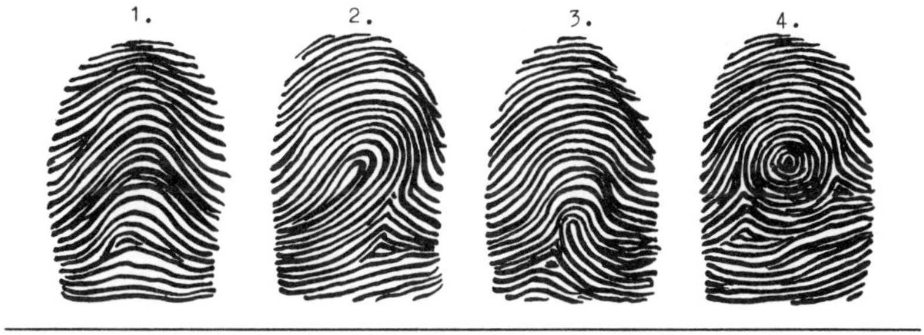

Abb. 10

1 Tannen- oder Bogenmuster
2 Linkes Schleifenmuster mit Delta rechts
3 Rechtes Schleifenmuster mit Delta links
4 Wirbelformmuster mit Delta rechts und links

Außerdem gibt es den gemischten Abdruck oder das Zufallsmuster.

Die *Bogenform* weist zentrale Papillarlinien in Form von Bögen auf, von denen keine auf die gleiche Linie zurückkommt.

Die *Schlaufenmuster* links weisen Schlaufen nach links auf und ein Delta nach rechts.

Die *Wirbelform* zeigt Papillarlinien, welche in der Mitte des Abdrucks einige kleinere und größere Kreise und auf beiden Seiten ein Delta aufweisen.

Die gemischten Abdrücke oder Zufallsmuster weisen einen Bogen und Schlaufen in gemischer Form auf.

Mit „Delta" bezeichnet man das dreiecksförmige Gebilde, das außer bei der Bogenform in allen Fingerabdruckmustern vorkommt (siehe Abb. 11). Durch die Gabelung einer Papillarlinie wird ein „geschlossenes" oder durch das plötzliche Auseinanderlaufen zweier Papillarlinien ein „offenes" Delta gebildet.

Dann zeigen solche Papillarlinien-Bilder auch endende und durchgehende Linien, Verästelungen, Gabelungen, Haken und Inseln etc. (siehe Abb. 10).

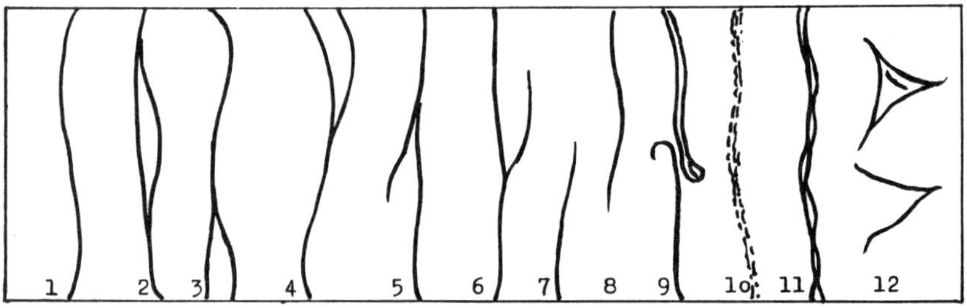

1 Durchgehende Linie,
2 Inselbildung (kleine Insel = Auge),
3 Gabel nach unten,
4 Gabel nach oben,
5 Haken nach unten,
6 Haken nach oben,
7 Anfangende Linie,
8 Endende Linie,
9 Eingelagerte Schlinge,
10 Strich- und Punktfragmente,
11 Verästelungen,
12 Geschlossenes Delta — offenes Delta.

Abb. 11

Es ist nun Ihre Aufgabe, die gefundenen Abdrücke mit den abgenommenen Abdrücken zu vergleichen, indem Sie die Zahl der Papillarlinien vom „Herzen" des Abdrucks (in der Mitte des Abdrucks) aus bis zum Delta eruieren und vergleichen. Bei Papillarlinienmustern mit zwei Deltas werden die Linien zwischen rechtem Delta und Herz und diejenigen zwischen linkem Delta und Herz gezählt.

Am besten gehen Sie folgendermaßen vor: Der gefundene sowie der abgenommene Abdruck wird fotografiert und vergrößert. Nun zeichnen Sie die

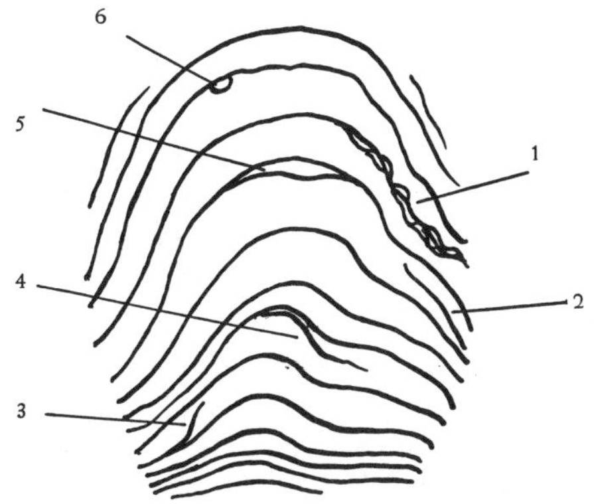

Abb. 12

charakteristischen Merkmale bei beiden Abdrücken von rechts nach links an. Sie können die Abdrücke aber auch auf ein weißes Papier legen und bei allen besonderen Merkmalen mit einer Nadel durch die Fotos hindurch auf das darunterliegende Papier stechen. Darauf verbinden Sie die auf der Unterlage sich ergebenden Nadelstiche mit geraden Bleistiftstrichen und erhalten auf diese Weise zwei Bilder, die sich sehr gut vergleichen lassen. So können Sie rasch feststellen, ob der gefundene Fingerabdruck mit dem Vergleichsabdruck identisch ist.

Die erstgenannte Methode besteht darin, daß Sie, wie erwähnt, alle besonderen Merkmale von rechts nach links anzeichnen und diese Punkte mit einer Zahl versehen (siehe Abb. 11). Darauf legen Sie eine Tabelle der beiden Abdrücke an, aus der Sie dann ersehen können, ob z. B. die Zahl 1 beim Vergleichsabdruck am selben Ort vorhanden ist wie beim Tatortabdruck und so fort.

Der Vergleich der Abdrücke wird an Hand der Papillarlinienmerkmale wie Gabeln, Haken, Inseln etc. vorgenommen, und es wird festgestellt, ob diese nach Form und Lage gleich sind. Falls dies zutrifft, ist die Identität von Tatort- und Vergleichsabdruck erwiesen. Die Lage der anatomischen Merkmale kann natürlich nur in bezug auf den Linienverlauf und auf das Gesamtbild der Muster festgestellt werden. Man kann also nicht etwa durch Messen festlegen, daß ein bestimmtes Merkmal soundso weit vom „Herzen“ des Musters entfernt liegt, denn der Finger, von dem der Abdruck herrührt, ist ja kein fester Körper, der jedesmal einen Abdruck gleicher Größe hinterläßt. Wenn Sie nämlich einen Finger mehr oder weniger stark auf einen Gegenstand aufdrücken, so wird die Fingerkuppe wie ein Kissen gequetscht, und je nach dem aufgewendeten Druck ändert sich das äußere Bild des Fingerabdruckes.

Wir machen Sie auch auf folgendes aufmerksam: Versuchen Sie niemals die Identität zweier Abdrücke dadurch zu klären, daß Sie dieselben fotografieren und dann die beiden Negative übereinanderlegen, um festzustellen, ob sich die beiden Muster in ihren Einzelheiten decken. Aus den obengenannten Gründen können Sie zu dem Fehlschluß kommen, die Abdrücke seien nicht identisch.

Nehmen wir nun an, Sie haben auf einem anonymen Schreiben einen latenten Fingerabdruck festgestellt. Sie haben ihn gefärbt (sichtbar gemacht) und fotografiert und sehen, daß es sich um einen Abdruck in einer Bogenform handelt. Ihr Verdacht richtet sich zunächst gegen einen Herrn X als mutmaßlichen Schreiber des Briefes. Sie stellen aber fest, daß X auf keinem seiner Fingerabdrücke eine Bogenform aufzuweisen hat. In diesem Falle können Sie die Untersuchung gegen X einstellen, denn Sie wissen jetzt, daß der Abdruck auf dem Schreiben keinesfalls von ihm stammen kann.

Nehmen wir nun aber an, daß Sie auf dem Schreiben einen oder mehrere Abdrücke mit Bogenform gefunden haben und daß die Abdrücke von X ebenfalls bogenförmige Papillarlinien aufweisen. Jetzt spielen Ihre Kenntnisse über Daktyloskopie eine große Rolle, denn nun heißt es, diese Abdrücke miteinander zu vergleichen und genau zu prüfen. Es gibt wohl hunderttausende von Abdrücken mit der Bogenform, aber eben keine zwei mit der gleichen Papillarlinienzahl, verbunden mit den gleichen anatomischen Merkmalen an derselben Stelle.

Wie wichtig es auch für den Detektiv ist, Kenntnisse über Daktyloskopie zu besitzen, haben Sie sicher inzwischen schon erkannt. Sie müssen sich deshalb mit diesem Gebiet möglichst vertraut machen und versuchen, daraus Nutzen zu ziehen. Sie werden z. B. auf anonymen Schreiben Fingerabdrücke finden. Die Analysierung derselben erspart Ihnen unter Umständen ein langes Suchen nach dem Schreiber oder sogar eine langwierige Schriftanalyse, welche zwar als belastendes Indiz sehr wertvoll ist, jedoch heute noch keine juristische Beweiskraft hat.

Nun noch ein paar in der Daktyloskopie gebräuchliche Verfahren, die für Sie zu Experimentierzwecken jedenfalls interessant sind und Ihnen unter Umständen später einmal von Nutzen sein können.

Das Fingerabdruckverfahren mittels Blutlaugensalz

Anstatt die Fingerabdrücke mit Druckerschwärze abzunehmen, läßt sich auch folgende Methode anwenden: Man löst in 100 cm^3 Wasser 1 g Blutlaugensalz (Kaliumferrozyanid) auf, taucht einen Wattebausch in die Lösung und überstreicht damit ein Stück weißes Papier. Während es trocknet, löst man in einem Liter Wasser 1 g braunes Eisenchlorid auf. Sobald das mit Blutlaugensalzlösung bestrichene Papier trocken ist, taucht man einen Finger in die Eisenchloridlösung und drückt ihn auf das Papier. Auf diese Weise entsteht ein blauer Fingerabdruck, weil sich durch die Verbindung der beiden Chemikalien Berlinerblau gebildet hat. Die verunreinigten Finger lassen sich mit verdünnter Natronlauge leicht reinigen.

Das Verfahren mit Schwefelsäure

Tauchen Sie einen Finger in eine 20%ige Schwefelsäure, und drücken Sie ihn auf ein glattes Papier. Wenn das Papier trocken ist, erwärmen Sie es über einer schwachen Flamme, einer Kochplatte oder einem Bügeleisen. Es erscheint nun ein schwarzer Fingerabdruck auf dem Papier, und zwar deshalb, weil die auf den Papillarlinien befindliche Schwefelsäure aufgedruckt wurde und das Papier an diesen Stellen durch die Wärmeeinwirkung verkohlt.

Dieses Verfahren kann Ihnen nützlich sein, um durch das Bestreichen von Fahrradlenkstangen, Türklinken, Trinkgläsern usw. mit verdünnter Schwefelsäure unfreiwillige Fingerabdrücke zu erhalten. Daß Sie sich beim Arbeiten mit Chemikalien, insbesondere mit Säuren und Laugen, der größten Sauberkeit und Vorsicht befleißigen sollen, sei hier nachdrücklich erwähnt.

Das Verfahren mit Wasser und Tinte

Wenn Sie Ihre Finger auf ein glattes, weißes Papier drücken und dann mit einem Papierstreifen darüber streichen, welchem gewöhnliche Tinte anhaftet, so können Sie anschließend mit kaltem Leitungswasser abspülen, und es erscheint der vorher unsichtbare Fingerabdruck in sehr lange haltbarer blaßblauer Farbe.

Die Narben in Fingerabdrücken

Bestimmt haben Sie schon gefragt, wie es sich bei Narben an den Fingerkuppen verhält, die ja mit der Zeit wieder mehr oder weniger verwachsen. Angenommen, Sie besitzen einen Abdruck, der eine Narbe aufweist. Jahre später begegnet Ihnen bei einer Untersuchung genau der gleiche Abdruck wieder, aber es fehlt die Narbe: Mit Hilfe der Ultraviolettfluoreszenz-Fotografie (entwickelt von Prof. G. Kogel) kann selbst eine völlig verheilte, dem Auge nicht mehr erkennbare Narbe sichtbar gemacht werden.

Zum Schluß fassen wir all die wichtigen Punkte zusammen, die Sie sich gut merken sollten, wenn Sie mit der Daktyloskopie erfolgreich arbeiten wollen.

1. Die Geräte zum Abnehmen der Fingerabdrücke, wie die Glas- oder Metallplatte sowie die Gummiwalze oder der weiche Pinsel, sind stets in sauberem Zustand zu halten.
2. Die Fingerabdruckfarbe, also Druckerschwärze oder Vervielfältigungsfarbe, ist immer gleichmäßig auf die Platte zu bringen.
3. Die Hände der Personen, deren Fingerabdrücke Sie zu nehmen haben, sollen vorher immer gründlich gewaschen werden.
4. Das erste Fingerglied muß von der Nagelkante her gleichmäßig so auf der eingefärbten Platte abgerollt werden, daß es bis über die Gelenkbeuge mit Farbe versehen ist. Genau so gleichmäßig muß dann der Finger auf die Vorlage abgerollt (nicht abgedrückt!) werden. Beim Abrollen ist jeder Druck zu vermeiden.
5. Der abgerollte Finger darf nicht wieder zurückgerollt werden, da sonst der Abdruck verwischt und damit völlig unbrauchbar wird. Nach dem Abrollen ist der Finger also rasch, aber vorsichtig abzuheben.
6. Jeder Fingerabdruck muß möglichst sorgfältig abgenommen werden, weil es beim Vergleich mit dem Tatortabdruck oft auf kleinste Einzelheiten ankommt. Ein Abdruck ist für Sie nur brauchbar, wenn die Papillarlinienmuster deutlich erkennbar sind.
7. Jeder Finger ist auf dem für ihn vorgesehenen Feld der schon vorher mit den genauen Personalien vorgesehenen Karte oder des Bogens abzurollen.

Vergessen Sie nicht, daß das Kapitel Daktyloskopie in der Praxis für Sie äußerst wichtig ist. Versäumen Sie daher nie, immer wieder Abdrücke zu suchen, zu analysieren und abzunehmen, denn nur Übung macht den Meister, und auf diesem Gebiet muß man tatsächlich Meister seines Fachs sein, um zum Erfolg zu gelangen.

KAPITEL 4

Branduntersuchungen

Allgemeines

Jährlich fallen dem Feuer unvorstellbare Werte zum Opfer, und leider bleibt heute noch bei einem Großteil der Brände die Brandursache ungeklärt. Mehr als die Hälfte der abgeklärten Fälle von Bränden sind auf fahrlässige und verbrecherische Brandstiftung zurückzuführen.

So ist es erklärlich, daß Versicherungsgesellschaften oft Fachleute auf dem Gebiet der Branduntersuchung anstellen, die mit den amtlichen Stellen zusammenarbeiten oder auch selbständig arbeitend die Interessen ihrer Firma wahren.

Als Privatdetektiv können Sie sich als Spezialist für Branduntersuchungen ausbilden und dann ihre Dienste entweder den interessierten Gesellschaften anbieten oder sich auch als Versicherungsdetektiv anstellen lassen. Es sei bemerkt, daß auch andere Versicherer oft Privatdetektive damit beauftragen, mutmaßliche Versicherungsbetrüge aufzudecken. Nachstehend geben wir Ihnen die häufigsten Brandursachen und deren Untersuchungsmethoden bekannt, damit Sie bereits über die wichtigsten Arbeiten eines Versicherungsdetektivs unterrichtet sind.

Die Ermittlung eines Brandstifters, das sei vorweggesagt, gehört zu den schwierigsten Arbeiten eines Versicherungs- oder Privatdetektivs. Wenn Sie aber an einer Brandstätte nicht gerade einen Trümmerhaufen antreffen, so besteht auf jeden Fall die Aussicht auf eine erfolgreiche Untersuchung. Aus dem Brandverlauf, aus der Rauchentwicklung, aus angebrannten Möbelstücken, Rußspuren etc. werden Sie immer wertvolle Schlüsse auf die Brandursache ziehen können. Bei festgestellten Brandstiftungen sind damit oft untrügliche Hinweise auf die Täterschaft festzustellen.

Die Brandursachen

Die Brandursachen lassen sich in die nachstehend aufgeführten wesentlichen drei Gruppen einteilen:

1. Die natürlichen Brandursachen (Selbstentzündung, Blitzschlag)
2. Die technischen Brandursachen (Elektro- und gastechnische Anlagen)
3. Die Brandstiftung durch Brandlegungsmittel.

Die natürlichen Brandursachen

Hier handelt es sich um Brände, welche völlig unabhängig von Menschenhand ausgebrochen sind, etwa durch Selbstentzündung aus Heu, Chemikalien usw., Blitzschlag, Sonnenstrahlen, Wind (Funkenflug), Meteore und auch durch Erdbeben.

Durch Selbstentzündung verursachte Brände treten hauptsächlich dort auf, wo mit Stoffen, die zur Selbsterwärmung neigen, umgegangen wird, z. B. in holzverarbeitenden Betrieben, in Spinnereien, Spritzlackierereien, Tabakfabriken, Brennstoff-, Düngemittel- und Chemikalienanlagen sowie landwirtschaftlichen Produktionsbetrieben.

Zur Selbstentzündung bei Futtermitteln kommt es hauptsächlich dadurch, daß in den Silos durch vorhandene Gärungsbakterien unter ungünstigen Umständen Temperaturen bis zu dreihundert Grad entstehen können. Sobald nun Sauerstoff hinzutritt, entsteht ein Brand. Solche Brände könnten oft vermieden werden, denn an den Rändern solcher Vorratslager macht sich meist eine Dampfentwicklung bemerkbar, und vor der eigentlichen Entzündung ist gewöhnlich ein aufdringlicher Geruch wahrzunehmen.

Zu den selbstentzündlichen Stoffen gehören auch Kohlen, ölige oder fetthaltige Metallspäne, Hobel- oder Sägespäne, Lappen und Putzwolle sowie eine Unmenge von Chemikalien.

Zu den häufigsten Ursachen natürlicher Brände zählt der Blitzschlag.

Folgen von Blitzeinwirkungen

a) Brände

Im allgemeinen kann die Wirkung eines Blitzes direkt zu einem Brand führen, wenn sich in unmittelbarer Nähe der Störungsstelle entflammbare Materialien befinden. Ferner können bei einer Blitzentladung in einer Elektroinstallationsanlage durch die hohen Überspannungen Isolationsschäden auftreten, durch die unter Umständen erst nach dem Gewitter ein Brand entstehen kann.

b) Explosionen

Wenn ein Blitz dort einschlägt, wo eine explosible Atmosphäre vorhanden ist, wird diese entzündet. Weiterhin besteht eine Möglichkeit der Zündung durch die starke Erwärmung der Ableitwege des Blitzstroms oder durch Sprühfunken an Verbindungen von Leitungs- oder Metallkonstruktionen.

Bestimmt ist Ihnen auch bekannt, daß Sonnenstrahlen leichtentzündliche Stoffe zum Brennen bringen können, hauptsächlich dann, wenn sie sich durch gebogene gläserne Gegenstände auf einem Punkt einer brennbaren Substanz sammeln. Sie kennen sicherlich das Entzünden eines Stücks Papier durch Sonnenstrahlen unter einer Lupe. Dieselbe Wirkung eines Brennglases können unter unglücklichen Umständen auch Flaschen, Brillengläser, Hohlspiegel, gläserne Dachziegel usw. haben und damit einen Brand verursachen. Schaufensterbrände, die durch Sonnenstrahlenverdichtungen entstehen, sind keine Seltenheit.

Durch Meteore verursachte Brände sind sehr selten, doch sind dann meist auch Zeugen vorhanden, die den fliegenden Meteor beobachtet oder aber wegen seines starken eigentümlichen Geräusches gehört haben.

Untersuchungsmethoden bei natürlichen Brandursachen

Da der Blitzschlag die meisten natürlichen Brände verursacht, werden ihm auffallend oft andere Brandursachen zugeschoben. Häufig werden nämlich von Brandstiftern Bauernhäuser und Scheunen in Brand gesteckt. Glücklicherweise hinterläßt der Blitz untrügliche Spuren, deren Fehlen mit ziemlicher Sicherheit Brandstiftung vermuten läßt:

1. Beim Einschlag ist meist starker Schwefelgeruch feststellbar.
2. Der Erdboden ist stellenweise siebartig durchlöchert.
3. Vom Mauerwerk wird Kalk losgerissen.
4. Bäume und Holzteile werden zersplittert.
5. Steine oder sogar Fensterglas werden „metallisiert" (glänzender Metallüberzug), auch Ziegel weisen meist einen feinen metallischen Belag auf.
6. Metallteile oder Drähte werden geschmolzen oder teilweise verflüchtigt, so können z. B. Dachrinnen, Radioantennen usw. vollständig schmelzen. Man konnte schon beobachten, daß der Kupferdraht einer elektrischen Leitung vollkommen zerstört wurde, während die Umhüllung völlig intakt blieb. Metalle werden unter Umständen auch nur oxidiert. Es entsteht auf denselben, vorwiegend bei Messing und Bronze, eine dunkelblaue oder grünliche Farbe.

Bei angeblichem oder angenommenem Blitzschlag ist es notwendig, daß Sie sämtliche Öfen und Kamine, die elektrischen Anlagen, Telefon- und Radioanlagen usw. sowie das übriggebliebene Mauerwerk genauestens auf die genannten Merkmale hin untersuchen.

Bei den anderen natürlichen Bränden gehen Sie den entsprechenden möglichen Ursachen nach. Bei Entzündungen durch Sonnenstrahlen vergleichen Sie den Stand der Sonne mit der mutmaßlichen Zeit des Brandausbruchs, wobei Sie ein möglicherweise stundenlanges Glimmen in Betracht ziehen müssen. Bei den anderen genannten Selbstentzündungen studieren Sie die mögliche Ursache am Brandherd.

Legen Sie ferner Wert auf Aussagen von Zeugen des Brandausbruches. Oft können Sie erfahren, wie und wo der Brand genau ausgebrochen ist, welche Farbe der Rauch aufwies, ob der Brand langsam oder explosionsartig ausgebrochen ist, ob der Brand vielleicht ziemlich gleichzeitig an mehreren Orten begonnen hat usw. Alle diese Details können Ihnen wertvolle Hinweise zur Untersuchung geben.

Die technischen Brandursachen

Brände, welche durch mangelhafte elektrische Installationen oder Heizungs- und Kamineinrichtungen sowie durch Explosionen verschiedener Herkunft entstehen, gehören in die Gruppe der technischen Brände.

Es dürfte Ihnen nicht unbekannt sein, daß Kurzschluß in den seltensten Fällen Brände verursacht, es sei denn, daß durch Einsetzen zu starker Sicherungen oder gar durch Überbrücken derselben verantwortungsloser Unfug getrieben wurde. Achten Sie bei solchen Bränden auf die Sicherungen, ob sie durchgeschmolzen oder intakt sind. Nehmen Sie die Sicherungsanlage auf alle Fälle in Beschlag und untersuchen Sie sie genau auf etwaige unbefugte Eingriffe. Wenn alles in Ordnung ist und zudem an den Leitungen *Perl- oder Schmorstellen* zu finden sind, so sind dies immer Hinweise, daß es sich um eine technische Brandursache handelt.

Bei Bränden, die vermutlich durch schlechte Feuerungseinrichtungen entstanden sind, achten Sie auf evtl. Schäden am Kamin. Beachten Sie dabei besonders die Rußspuren.

Die Brandstiftung

Die fahrlässige Brandstiftung

Bei allen Bränden, welche durch Menschenhand fahrlässig entstanden sind, greifen die Versicherungsgesellschaften auf den Urheber des Brandes zurück. Wenn der Geschädigte selbst der Urheber ist, geht jedes Anrecht auf eine Entschädigung verloren. Daher ist den Versicherungsgesellschaften sehr an einem versierten Versicherungs-Detektiv gelegen, der solche Fahrlässigkeiten unabhängig von der Untersuchung seitens der amtlichen Organe aufzudecken vermag.

Die Fälle der fahrlässigen Brandstiftung sind zahllos; angefangen von der achtlos weggeworfenen Zigarette bis zum Anfeuern des Herdes mit Petroleum. Fast täglich lesen Sie in der Zeitung von solchen Brandfällen. Wir verweisen nachstehend auf die häufigsten fahrlässigen Brandursachen.

Elektrische Apparate

Bügeleisen und Heizkissen, die nicht rechtzeitig ausgeschaltet werden, sind oft recht gefährliche Dinger. Wackelige Steckdosen und Stecker können ebenfalls Brände verursachen. Glühlampen können mit leicht brennbaren Stoffen in Kontakt kommen und sie entzünden usw.

Kochgas

Das Ausströmen von Kochgas hat sehr oft schlimme Explosionen und Brände zur Folge. Es kommt vor, daß das Abschalten vergessen wird, daß Gashähne und Schläuche undicht werden oder daß überkochende Milch die Gasflamme löscht. Der kleinste Funke kann das ausgeströmte Gas, oder richtigerweise das Gas-Luft-Gemisch, entzünden.

Wäsche trocknen am Ofen

Oft wird Wäsche am Zimmerofen zum Trocknen aufgehängt. Solange nun die Wäsche feucht ist, besteht keine Gefahr; jedoch sobald sie trocken wird, kann sie ansengen oder gar in Flammen aufgehen.

Petroleum und Spiritus

Obwohl immer wieder ausdrücklich vor der Gefährlichkeit dieser Flüssigkeiten gewarnt wird, gibt es viele Brände, die dadurch verursacht werden, daß Lampen und Kocher nachgefüllt werden, wenn sie noch heiß sind oder der Docht gar noch glühend ist. Daß heute noch Hausfrauen Herde und Öfen mit Petroleum anzünden, scheint unglaubhaft und ist doch Tatsache, wie die zahlreichen Brand- und Unglücksfälle beweisen.

Gasolin und Benzin

Oft werden in Haushaltungen Gasolin und Benzin als Reinigungsmittel verwendet, ohne daß sich die Hausfrau bewußt wird, mit welch gefährlichen Mitteln sie operiert. Wenige Tropfen Gasolin ergeben z. B. mit der Luft ein höchst explosives Gemisch. Ein winziger Funke der Hausklingel kann genügen, die Wohnung buchstäblich in die Luft zu jagen.

Die verbrecherische Brandstiftung und ihre Aufklärung

Alle natürlichen und technischen Brandursachen können aber auch durch einen Brandstifter vorgetäuscht werden. Wenn ihre Untersuchung eindeutig auf Brandstiftung hinweist, dann sind die nachstehenden Methoden zur Ermittlung des Täters durchzuführen.

In erster Linie müssen Sie den Beweggrund zur Tat ermitteln. Als Motive zur Brandstiftung kommen in Frage: Versicherungsbetrug, Vertuschung eines anderen Verbrechens wie Einbruch, Mord usw. Ferner die Brandstiftung aus Rachsucht, Neid, Eitelkeit und die Taten von Schwachsinnigen, Irrsinnigen und Pyromanen. Nachstehend nun einige Fälle aus der Praxis.

Der Eindruck wiederholt vorkommender Brände auf die Masse ist bekannt. Es werden sogenannte Brandpsychosen ausgelöst, welche sich namentlich Versicherungsbetrüger zunutze machen, um den Verdacht der Brandstiftung von sich abzulenken.

Die Unzufriedenheit treibt oft Individuen dazu, sich durch eine Feuersbrunst für ihnen (oft vermeintlich) zugefügtes Unrecht zu rächen. Man ist aber meist überrascht, wenn man den geringfügigen Anlaß vergleicht mit der Wirkung, die die Tat ausgelöst hat. *Müller* führt einen Fall an, wo ein Chauffeur ein Kohlenlager in Brand steckte, weil dessen Staub seinen Wagen beschmutzte. Ein junger Mann zündete ein Lokal an, weil darin eine Hochzeitsgesellschaft ihm verweigert hate, sich an ihren Tisch zu setzen. Ein abgewiesener Freier zündete das Haus seiner Geliebten an. Vielfach werden Liegenschaften von Eifersüchtigen und Neidern angezündet.

Nehmen wir nun an, Sie erhalten einen Auftrag Ihrer Versicherungsgesellschaft, sich sofort an einen bestimmten Brandort zu begeben. Dort weisen Sie sich beim Löschzugführer an Hand der schriftlichen Vollmacht Ihrer Gesellschaft als Versicherungsdetektiv aus und befragen ihn über seine Wahrnehmungen beim Brand. Ferner nehmen Sie Verbindung auf mit Personen, die den Brandausbruch zuerst bemerkt haben, und notieren sich sofort die Aussagen über die Anfangserscheinungen des Brandes. Suchen Sie in Erfahrung zu bringen, ob die Rauchentwicklung stark oder schwach war, welche Farbe die Rauchwolken aufwiesen (weiß, grau, schwarz), ob starke Flammen schon zu Beginn des Brandes festzustellen waren oder ob die Flammen aufsprühten oder verpufften. Fragen Sie nach typischen Geruchswahrnehmungen usw. Alle diese Aussagen werden Ihnen wichtige Hinweise auf die betreffende Brandursache geben.

Nun heißt es, den eigentlichen Brandherd zu finden. Sind mehrere Brandherde anzutreffen, so können Sie mit Bestimmtheit annehmen, daß Brandstiftung vorliegt. Es sind alle Spuren zu sichern, z. B. Wagenspuren oder verdächtige Fußabdrücke in der Umgebung des eigentlichen Brandherdes. Sie dürfen weder Schmutz noch Arbeit scheuen. Der Schutt muß Schaufel für Schaufel untersucht werden. Vielleicht finden Sie ein Stück Zeitung: Aufgrund von Zeitungen, die sie zum Entfachen des Feuers verwendet hatten, konnten schon einige Brandstifter festgenommen werden. Man hat sogar auf solchen Zeitungen noch Fingerabdrücke feststellen können, da Zeitungen in den seltensten Fällen restlos verbrennen.

Achten Sie auf die Stellung von Fenster- und Türriegeln. Wenn nämlich der Besitzer versichert, daß ein Fenster oder ein Raum geschlossen war, so werden Sie vielleicht an der Stellung der Riegel das Gegenteil feststellen und ihn der Lüge überführen können.

Brandlegungsmittel und Zündeinrichtungen

Als Brandlegungsmittel kommen leicht entflammbare flüssige und feste Stoffe in Betracht, z. B. Motorentreibstoffe, Heizöle, Lösungsmittel, schwarzpulverartige Mischungen, Papier, Holzwolle, Stroh und Schaumkunststoffe. Daneben eignen sich auch Substanzen, die sich bei Feuchtigkeitszutritt selbst entzünden können, z. B. Natrium-Metalle und Schädlingsvertilgungsmittel. Zur Zündeinleitung derartiger Stoffe werden zum Teil besondere Zündvorrichtungen benutzt, z. B. elektrotechnische Zündvorrichtungen, chemische und mechanische Zündverzögerungseinrichtungen.

Meist verwendet der Brandstifter flüssige Brennstoffe wie Petroleum, Benzin, Alkohol etc. und glaubt, eine größere Menge dieser Flüssigkeit verwenden zu müssen. Achten Sie darauf, ob am Brandherd vielleicht noch Spuren solcher Flüssigkeiten in der Erde oder in einem Blindboden zu finden sind. Auch an der Verkohlung der Möbel etc. können Sie feststellen, ob solche Mittel zur Entzündung verwendet wurden. Die Verkohlung des Holzes ist normalerweise örtlich begrenzt und tief, während sie ausgedehnt und nicht sehr tief ist, wenn von den erwähnten Stoffen Gebrauch gemacht wurde.

Manchmal werden auch Lappen, Hobelspäne, Holzwolle, Stroh und dergleichen mit den flüssigen Brennstoffen getränkt. Merkwürdigerweise veraschen diese Stoffe fast nie völlig, so daß sie bei einer genauen Prüfung der verkohlten Überreste noch identifizierbar sind. Eine chemische Analyse kann Ihnen weiteren Aufschluß darüber geben, ob die verwendeten Stoffe mit brennbaren Flüssigkeiten getränkt waren. Achten Sie ganz besonders auch auf Wachsspuren, da die Kerze das beliebteste Brandstiftungsmittel ist. Des weiteren gebe ich Ihnen andere von Brandstiftern angewendete Methoden bekannt.

Die Schnellzündung

Die häufigste Art, Feuer zu legen, ist die Schnellzündung mit Streichhölzern. Leichtentzündliche Stoffe werden zusammengetragen und dann mit einer großen Anzahl Streichhölzer in Brand gesteckt. Achten Sie immer auf evtl. Reste von Streichholzschachteln.

Die Zeitzündung

Diese wird meist vom Brandstifter angewendet, um Zeit zur Alibibeschaffung zu gewinnen. Diese Zündung wird im Prinzip folgendermaßen hergestellt: Mehrere Kerzen werden durch eine Wachsschnur miteinander verbunden, und unter die zuletzt abbrennende Kerze werden leicht entflammbare Stoffe gelegt, die sich entzünden, sobald die Kerze niedergebrannt ist.

Es wurden schon selbstgefertigte Kerzen verwendet, die eine Abbrenndauer von bis zu 40 Stunden hatten, so daß sich der Brandstifter schon längst an einem weit entfernten Ort in Sicherheit glaubte, als der Brand ausbrach. So hatte er ein scheinbar einwandfreies Alibi, bis er als Täter überführt wurde. Es war der Besitzer des Brandobjektes selbst. Ein Hauseigentümer hatte seine Frau ermordet. Um das Verbrechen zu vertuschen, übergoß er die Leiche mit flüssigem Brennstoff und setzte sie mit der erwähnten Zeitzündung in Brand. Er hatte das Gerücht verbreitet, seine Frau sei für längere Zeit im Ausland. Untrügliche Spuren führten zur Aufklärung des Verbrechens.

Sie werden selbst die Erfahrung machen, daß ein Brand selten sämtliche Spuren verwischt. Mit geübtem Auge werden Sie immer etwas Verdächtiges finden, wenn Sie keine Mühe scheuen. Machen Sie bei Branduntersuchungen beste Arbeit und vernachlässigen Sie nichts, denn die geringste Kleinigkeit kann Ihnen entscheidende Hinweise auf die Brandentstehung und einen eventuellen Täter geben.

Spuren am Tatverdächtigen

Am Körper und an der Bekleidung tatverdächtiger Personen können Spuren vorhanden sein, die

1. vom Brandlegungsmittel herrühren, z. B. Reste einer brennbaren Flüssigkeit oder abgetropftes Kerzenwachs an der Bekleidung oder am Fingernagelschmutz,
2. durch die Hitzeeinwirkung verursacht wurden, z. B. Sengspuren an den Haaren, Brandblasen an den Händen oder Brandspuren an Textilien,
3. vom Tatort und dessen Umgebung übertragen wurden, z. B. Bodenspuren in der Fußbekleidung oder pflanzliche Anhaftungen an Bekleidungsstücken.

Wenn Sie zum Beispiel vermuten, daß Brandstiftung wegen Versicherungsbetrug vorliegt, dann nehmen Sie den Besitzer des Anwesens scharf aufs Korn. Möglicherweise hat er sogar — was auch schon vorgekommen ist — versengte Jackenärmel, die er selbst noch gar nicht bemerkt hat. Ferner stellen Sie fest, ob er vielleicht die Versicherungs-Police in der Tasche mit sich herumträgt, denn es ist ebenfalls schon vorgekommen, daß

Brandstifter vor der Tat ohne zu überlegen die Police zu sich gesteckt haben.

Untersuchen Sie immer die Vermögenslage des Geschädigten. Vielleicht liegen Schulden vor. Interessieren Sie sich ferner für die Höhe der Versicherungssumme. Wurde überversichert? Wann wurde die Versicherung abgeschlossen? Wurde vielleicht nachversichert und wann? Wurde die Versicherung durch einen Vertreter aufgenommen oder durch den Brandgeschädigten selbst beantragt? Stand das Geschäft vielleicht vor dem Konkurs, und sind Geschäftsbücher verbrannt?

Bei Privatleuten achten Sie darauf, ob der Geschädigte z. B. wertvolle Bilder versichert hatte und ob noch irgendwelche Spuren derselben aufzufinden sind. Es ist schon vorgekommen, daß ein Liegenschaftsbesitzer einen großen Wechsel einlöste, dies aber nicht hätte tun können, wenn er nicht vorher seine wertvollen Bilder ins Ausland verkauft hätte. Um diesen Verlust mit der Entschädigung der Brandversicherung wettzumachen, gab er an, daß die Bilder verbrannt seien.

Es gibt Kranke, sogenannte *Pyromane,* die das Bedürfnis haben, Häuser anzuzünden, um sich am Anblick des Brandes zu ergötzen. Zu diesen kann man vielleicht auch Kaiser Nero zählen, der ein ganzes Quartier des alten Rom in Brand stecken ließ, um von der Terrasse seines Palastes aus den „schönen“ Anblick zu genießen. Es gibt aber auch gewöhnliche perfide Brandstifter, denen diese Krankheit bekannt ist. Wenn Sie dann erwischt werden, versuchen sie sich vor Gericht als Pyromane hinzustellen, um als nicht zurechnungsfähig erklärt zu werden.

Forschen Sie also bei einer Branduntersuchung immer nach, ob jemandem durch den Brand Vorteile entstehen könnten, denn wenn Sie das Motiv zur Tat entdeckt haben, wird es Ihnen nicht mehr schwerfallen, den Täter selbst zu ermitteln.

KAPITEL 5

Die Analyse von Schreibmaschinen- und Handschriften

In diesem Kapitel wollen wir Sie mit den Methoden zur Analysierung und Identifikation von Maschinen- und Handschriften vertraut machen.

Jeder Privatdetektiv kommt im Verlaufe seiner Praxis dazu, Maschinen- oder Handschriftenanalysen durchführen zu müssen. In der Hauptsache handelt es sich um das Eruieren von Schreibern anonymer Briefe oder um die Überführung von Fälschern. Der anonyme Brief wird meist angewendet, um einem Menschen in böswilliger Absicht Schaden zuzufügen. Es kommt aber auch vor, daß durch anonyme Schreiben dem Empfänger eine Warnung, ja sogar Hilfe zukommt.

Der anonyme Brief ist seit jeher das Werkzeug von Intriganten, Verleumdern und Erpressern. Der Versender anonymer Schreiben ist oft kein kleinerer Verbrecher als ein Mörder, denn er kann den Empfänger oder die betroffene Person ins Irrenhaus, unter Umständen sogar in den Freitod treiben. Es gibt zahlreiche Fälle, in denen solche Briefe großes Unglück verursacht haben. Es wird für Sie daher selbstverständlich sein, einem anonymen Schreiben bei der Untersuchung die gleiche Sorgfalt angedeihen zu lassen wie einem für Sie vielleicht interessanteren Auftrag.

Wie es Leute gibt, die zu ihrem Wohlbefinden Rauschgift benötigen, so gibt es auch Menschen, die es nicht lassen können, anonyme Schreiben zu versenden. Sie schreiben mitunter an verschiedene Personen zu gleicher Zeit, ja schreiben sogar sich selbst, haben dann Angst vor den eigenen Drohungen und erheben Klage gegen den unbekannten Schreiber. Solche krankhaften Schreiber sind glücklicherweise selten.

In den meisten Fällen bedienen sich die Schreiber anonymer Briefe der Schreibmaschine, weil sie im Glauben sind, daß der Täter auf Grund einer Maschinenschrift nicht zu ermitteln ist. An Hand von Vergleichstexten ist es aber heute ohne weiteres möglich, eine Schreibmaschine eindeutig als diejenige zu bezeichnen, auf welcher der anonyme Brief geschrieben wurde. Wenn sich die Maschine ermitteln läßt, kann der Kreis der in Frage kommenden Personen enger gezogen und der Schreiber selbst meist gefunden werden.

Unter Schreibmaschinenschriften versteht man alle Schrifterzeugnisse, die mit einer Schreibmaschine durch fortlaufende Tastenanschläge hergestellt werden. Die durch die Tastenanschläge gegen das Papier geschlagenen Typen verursachen auf dem Papier infolge des dazwischengeschalteten Farbbandes Abdruckspuren, deren Form und Lage Schlüsse auf die Schreibmaschine zulassen.

Nehmen wir zum Beispiel an, ein Klient überbringt Ihnen ein anonymes Schreiben mit dem Auftrag, wenn möglich den Täter ausfindig zu machen. Natürlich wäre es das Beste, wenn Ihnen der Brief noch verschlossen überbracht würde, was natürlich selten der Fall ist, da ihn der Empfänger in der Aufregung meist x-mal gelesen hat. Wenn weitere solche Schreiben zu erwarten sind, so weisen Sie den Empfänger auf alle Fälle an, sie Ihnen verschlossen zu übergeben. Drehen Sie solche Briefe nicht mehr als absolut notwendig in den Händen herum, fassen Sie diese vorsichtig an den Ecken und versuchen Sie dieselben auf Fingerabdrücke zu untersuchen, wie Sie es gelernt haben. Untersuchen Sie auch Schreibpapier und Umschlag nach Spuren, wie Papiersorte, Herkunft, Aufgabeort usw.

Nun stellen Sie vom Schreiben eine stark vergrößerte Fotografie her (vergessen Sie nicht, einen Maßstab oder ein Meßband mitzufotografieren) oder lassen sich eine solche herstellen. An diesem Foto läßt sich die Analyse leichter vornehmen, ohne das Originalschreiben zu verändern oder zu beschädigen, da es vielleicht noch bei Gericht benötigt wird. Zudem können Sie das Original dem Auftraggeber unbeschädigt zurückgeben. Jetzt gehen Sie daran zu ermitteln, mit welcher Schreibmaschine der Brief geschrieben wurde.

Die Zahl der im Handel befindlichen Schreibmaschinenmarken ist sehr groß, und jede dieser Marken hat verschiedene Buchstaben- und Zeichentypen, auch wenn sie sich auf den ersten Blick gleichen. Die Untersuchung der Buchstabentypen beginnt grundsätzlich mit den Großbuchstaben und den Zahlen.

Die verschiedenen Buchstabentypen:

1. Raumsparschrift:	Kleine, eng nebeneinander angeschlagene Typen (1,5 oder 1,3 mm Teilung).
2. Diamant:	Geringe Buchstabenhöhe, Buchstabenzwischenraum wenig größer als bei 1 (2,3 oder 2,1 mm Teilung).
3. Perlschrift:	Hohe, eng aneinander geschlagene Typen (2,3 mm Teilung).
4. Pica:	Handelsschrift, üblichste Typenform mit mittelgroßen Buchstaben (2,6 mm Teilung).
5. Pica largo:	Typen wie bei 4, doch liegen die Buchstaben etwas weiter auseinander.
6. Medium Roman:	Sehr große Buchstaben, die größten der üblichen Schreibmaschinenschriften (2,6 mm Teilung).

7. Long-Roman: Sehr große Buchstaben wie bei 6, doch haben die einzelnen Buchstaben einen größeren Abstand voneinander.

Auf die Frage, um welche Typenart es sich bei einer Maschinenschrift handelt, wenden Sie sich an ein Schreibmaschinengeschäft, das Ihnen bereitwillig über die Typenart und die mutmaßliche Schreibmaschinenmarke Auskunft gibt. Ein tüchtiger Schreibmaschinenmechaniker kann Ihnen die gesuchte Maschinenmarke oft sofort nennen. Haben wir nun den Buchstabentyp und vielleicht bereits die Maschinenmarke, mit welcher der Brief geschrieben wurde, gefunden, so gehen wir zur eigentlichen Untersuchung des Schreibens bzw. dessen Buchstaben über.

Um nun einen anonymen Schreiber identifizieren zu können, ist es das Wichtigste, das „corpus delicti" (das Beweismittel einer strafbaren Handlung) zu finden. In unserem Falle also die Schreibmaschine, die der Täter verwendet hat. Jede in Betracht kommende Maschine bzw. deren Schrift wird nach folgenden Gesichtspunkten geprüft:

1. die Schriftart,
2. die Schriftgröße,
3. das Vorhandensein respektive Fehlen einzelner Typen in der Tastatur, z. B. die großen Umlautbuchstaben, fehlende Typen in der Zahlenreihe und der Schriftzeichen ö, ü, ä, é, usw.,
4. die Eigenart einzelner Typen (z. B. g, k, 3, 4, 7, usw.),
5. Mängel oder Beschädigungen an einzelnen Typen,
6. der Zeilenabstand bei ein- oder mehrzeiliger Einstellung,
7. der durch den Transportmechanismus des Wagens bestimmte Zwischenraum zwischen den Schriftzeichen,
8. Verbiegungen im Hebelsystem der Typen, durch welche beim Anschlag kleine Verschiebungen der Schriftzeichen in der Höhe oder nach der Seite oder auch leichte Verdrehungen um die vertikale Achse verursacht werden,
9. einzelne Typen, die nicht voll zum Abdruck kommen, so daß sie blasser erscheinen als die anderen,
10. die Verschmutzung einzelner Typen, wie e, a, ä, g, usw.,
11. die Farbtönung des Farbbandes.

An Hand dieser Angaben läßt sich mit größter Sicherheit nachweisen, ob ein Schriftstück auf einer bestimmten Schreibmaschine geschrieben wurd.

Nun ist herauszufinden, wer das Schriftstück geschrieben hat, was weitaus schwieriger ist. Einen Anhaltspunkt zur Identifizierung des Täters gibt die

Erfahrungstatsache, daß jeder, der viel auf der Maschine schreibt, eine gewisse persönliche Note auf seinen Schreiben hinterläßt.

Die Identifizierung des anonymen Schreibers

Beachten Sie als wegweisend die Ihnen nachstehend methodisch genannten Untersuchungspunkte zur Bestimmung persönlicher Schreib-Eigenarten:

1. die räumliche Anordnung von Ort und Datum,
2. die Anrede,
3. die Randbildung links und rechts,
4. die Art des Einrückens bei den Anfängen einzelner Absätze,
5. die verschiedenen Abstände zwischen Zeilen und Absätzen,
6. die Sperrungen,
7. die Unterstreichungen und Streichungen,
8. die Berichtigungen sowie die zum Durchstreichen verwendeten Schriftzeichen, wie --, ===, ///, xxx, usw.,
9. der Gebrauch von Abkürzungen, wie etc., z. B., ca., usw.,
10. die Zwischenräume nach Satzzeichen,
11. die Verwendung von Buchstaben als Zahlen, wie O, o, L, 1, I, usw.,
12. die Art der Numerierung von Absätzen, wie 1., (1., (1.), „1",
13. die „echten Rechtschreibfehler" und die Eigenart des Gebrauches von Interpunktionen (Satzzeichen),
14. das öftere Vertauschen von zwei Buchstaben und wiederkehrende Verschläge,
15. das Einsetzen von unrichtigen Buchstaben, wie z. B. J für I,
16. das Einklammern von einzelnen Satzteilen,
17. das Kleinschreiben von Hauptwörtern,
18. die allgemeinen orthografischen, grammatikalischen und stilistischen Fehler.

Wenn Sie ein Vergleichsschriftstück einer verdächtigen Person besitzen, so ist durch eine *genaue* Untersuchung auf die persönlichen Merkmale die zuverlässige Feststellung einer Urheberschaft durchaus möglich.

Die Methode der Maschinenschriftanalyse

Von einem Ihnen überbrachten anonymen Schreiben haben Sie sich eine stark vergrößerte Fotokopie samt Maßstab anfertigen lassen. Jetzt ziehen Sie mit einem Lineal unter der Zeilenlinie einen Bleistiftstrich, der Ihnen als Basislinie dient. Ziehen Sie die Basislinie vom ersten zum letzten in der

Zeile vorkommenden „e", und zwar satt darunter. Das „e" wählt man deshalb, weil es der in allen Sprachen am meisten vorkommende Buchstabe ist. Wenn das verwendete Lineal einwandfrei gerade ist, so wird der Strich den Fuß aller in der gleichen Zeile enthaltenen „e" berühren.

Jetzt müssen Sie den genauen Abstand von der Basislinie zum Fuße jedes einzelnen Buchstabens messen. Sie werden nun feststellen, daß sich beispielsweise die Füße aller „a" 0,2 mm unter der Basislinie befinden. Diese Maße fein säuberlich in eine Tabelle eingetragen, geben Ihnen einen wesentlichen Hinweis über die Charakteristik der verwendeten Schreibmaschine.

Nun messen Sie mit einem Winkelmesser den Neigungsgrad aller L, I, M, N, F, H, wobei wiederum die Basislinie als Grundlinie dient.

Bestimmen Sie des weiteren die genaue Länge von Buchstabenreihen von 5 und 6 oder mehr Buchstaben.

Messen Sie die genaue Höhe der einzelnen Buchstaben, wie M, N, O, A, H, F etc. Diese Maße dienen Ihnen nun als Vergleichsmaterial zu Ihren weiteren Untersuchungen. Jetzt heißt es, die Schreibmaschine aufzuspüren, auf welcher der Täter das anonyme Schreiben verfaßt hat.

Wo suchen Sie nun den anonymen Schreiber?

Den ersten Hinweis gibt Ihnen der Inhalt des Briefes. Handelt es sich um ein Erpressungs- oder Drohschreiben, um eine Verleumdung oder eine Warnung?

Je nach Art dieser Schreiben ist der Verfasser unter Feinden, Neidern, in der Verwandtschaft, im Freundeskreis, ja sogar im Familienkreis des Empfängers selbst zu suchen. Vielleicht gibt Ihnen der Briefumschlag, das Schreibpapier oder auch der Poststempel (in bezug auf Datum, Aufgabeort und -zeit) bereits wichtige Anhaltspunkte.

Nehmen wir an, Ihr Auftraggeber oder Sie selbst haben die Vermutung, daß eine bestimmte Person als Verfasser in Frage kommt. Wie gehen Sie dann vor? Zuerst informieren Sie sich auf diskrete Art, ob diese Person eine Schreibmaschine besitzt und maschineschreiben kann. Falls sie keine eigene Maschine besitzt, ob sie Gelegenheit hat, eine solche zu benützen. Dies alles können Sie auf mannigfache Art herausfinden. Nehmen wir zum Beispiel an, der mutmaßliche Täter arbeitet als Vertreter für ein bestimmtes Produkt. Nun schreiben Sie ihm ein sehr günstiges Angebot und bitten ihn um eine Rückantwort. Wenn er eine Schreibmaschine besitzt, so wird er Ihnen auch mit dieser antworten, denn es ist eine Erfahrungstatsache, daß der Besitzer einer Schreibmaschine Briefe selten handschriftlich beantwortet, besonders solche über geschäftliche Belange.

Ein anderer Fall. Nehmen wir an, der vermutliche anonyme Schreiber ist ein Arbeiter. Diesem schreiben Sie, Sie hätten durch einen Bekannten erfahren, daß er sich für eine bessere Stellung interessiere und bitten ihn ein kurzes, maschinenschriftliches Bewerbungsschreiben einzureichen. Ersuchen Sie ihn aber, dies baldmöglichst zu tun, da noch weitere Bewerbungsschreiben vorlägen usw. Wenn Sie den richtigen Ton finden, wird er Ihnen bestimmt antworten. Damit er keinen Verdacht schöpft, müssen Sie das eingegangene Bewerbungsschreiben selbstverständlich kurz beantworten, indem Sie ihm mitteilen, daß die in Aussicht gestellte Stelle bereits besetzt sei; daß Sie bedauern etc.

Nun etwas sehr wichtiges. Diese Schreiben an einen Tatverdächtigen müssen entweder möglichst unmittelbar (spätestens nach einem Tag) nach Eingang des anonymen Schreibens beim Empfänger oder dann frühestens wieder nach 3 Wochen abgesendet werden. Sonst erregen Sie Verdacht, und die gewünschte Antwort bleibt aus. Versuchen Sie übrigens, vom Verdächtigen erfaßte maschinenschriftliche Notizen usw. zu erhalten, falls solche überhaupt vorhanden sind. Sie können sich unter Umständen damit zeitraubende Arbeit ersparen.

Jetzt haben Sie sich vielleicht einen Brief des mutmaßlichen Täters beschaffen können. Dieses Schriftstück dient Ihnen zu Vergleichszwecken mit dem Ihnen überbrachten anonymen Schreiben. Sofern Sie mit bloßem Auge feststellen können, daß das Schreiben dem Ihnen übergebenen ähnlich sieht, lassen Sie sich davon gleichfalls eine Vergrößerung im selben Maßstab anfertigen und nehmen daran die selben Messungen vor wie bei der Vergrößerung des ursprünglichen Schriftstücks.

Die Zahlen übertragen Sie auf Millimeterpapier, und zwar die Resultate der Schriftzeichen des anonymen Schreibens mit roter, die des Vergleichsschreibens mit schwarzer Tinte. An Hand der beiden Kurven, die Sie durch das Verbinden der einzelnen Zahlenwerte erhalten, sehen Sie sehr deutlich, ob die beiden Schriften vom gleichen Schreiber auf derselben Maschine geschrieben wurden, oder aber, daß die beiden Schriften voneinander abweichen. Wenn sich die beiden Kurven annähernd decken, dann überprüfen Sie Ihr Zahlenmaterial nochmals. Beachten Sie beim Vergleichen eventuelle Abweichungen bei den einzelnen Typen auf das Genaueste. Wenn Sie überzeugt sind, daß beide Schriftstücke auf der gleichen Maschine geschrieben wurden, so müssen Sie jetzt danach trachten, die betreffende Schreibmaschine für kurze Zeit in Ihren Besitz zu bringen.

Dies ist für den Privatdetektiv in den meisten Fällen sehr schwierig, doch können auch hier findige Köpfe zum Ziel kommen. Wie wäre es z. B. mit einem günstigen Angebot, die Maschine zu reinigen, zu überholen etc., indem Sie speziell darauf hinweisen, daß Sie die Maschine bei Ersatzstellung abholen und innerhalb 24 Stunden wieder ins Haus bringen. Es muß natürlich Ihnen überlassen bleiben, auf welche Weise Sie in den Besitz einer verdächtigen Maschine gelangen. Ist es Ihnen gelungen, müssen Sie sofort Vergleichstexte anfertigen.

Überprüfung des Farbbandes

Vor der Aufnahme von Maschinenschriftproben ist zu prüfen, ob der Text des Tatschreibens auf dem Farbband erkennbar ist. Die Prüfung hat sich auf die gesamte Länge des Farbbandes zu erstrecken.

In der Schreibmaschine evtl. vorhandene Kohlebänder laufen ordnungsgemäß nur einmal durch die Maschine, so daß mit ihrer Hilfe geschriebene Texte gelesen werden können.

Mit der in Ihren Besitz gelangten Schreibmaschine sind auf einzelnen Blättern folgende Vergleichsschriftproben herzustellen:

Tastaturblätter

Die gesamte Tastatur der Maschine ist einige Male Type für Type mit Zwischenraum nebeneinander und Reihe für Reihe mit Abstand untereinander niederzuschreiben, und zwar so, wie die einzelnen Tasten auf der Maschine angeordnet sind. Bei Maschinen mit Umschaltung ist direkt unter jeder Typenreihe eine solche mit den umgeschalteten Typen (Großbuchstaben, Zeichen usw.) zu schreiben.

Das Spurblatt

Über die ganze Breite des Schreibbogens sind mehrere Zeilen mit den Typen „llll“ ohne Zwischenraum zu schreiben. Das Spurblatt gibt Ihnen Auskunft über die sogenannte Spurbreite.

Das Zeilenabstandsblatt

Nun sind ganze Zeilen der Type „mmmm“ Reihe für Reihe untereinander zu schreiben, und zwar so viele Zeilen, wie das zu untersuchende Schriftstück aufweist.

Das Abschriftenblatt

Der zur Untersuchung erhaltene Wortlaut des anonymen Briefes ist mindestens zweimal genau abzuschreiben, und zwar mit allen Anordnungs-Einteilungen, Vertippungen sowie den vorkommenden Fehlern.

Muster einer Schreibmaschinen-Schriftprobe

I. 1. Schreibmaschinen-Fabrikat: (z.B. OLYMPIA, ADLER oder TRIUMPH)

2. Modell: (z.B. Standard, Portable, Electric)

3. Serien-Nummer: (z.B. 7-2 020431)

4. Standort der Schreibmaschine: (z.B. Alleestr. 1, 6000 Frankfurt/M.)

5. Benutzer der Schreibmaschine: (z.B. Peter Schulz und Manfred Schmidt)

II. Tastatur-Schriftprobe -mit Hilfe eines Farbbandes-

(Nicht dieses Muster abschreiben!
Reihenfolge der Tastatur einhalten, wie sie bei einer inkriminierten Maschine vorhanden ist!)

111 222 333 444 555 666 777 888 999 000 ßßß '''

;;; """ === %%% &&& ((( ))) ___ §§§ /// ::: ```

qqq www eee rrr ttt zzz uuu iii ooo ppp üüü +++

QQQ WWW EEE RRR TTT ZZZ UUU III OOO PPP ÜÜÜ ***

aaa sss ddd fff ggg hhh jjj kkk lll ööö äää $$$

AAA SSS DDD FFF GGG HHH JJJ KKK LLL ÖÖÖ ÄÄÄ £££

yyy xxx ccc vvv bbb nnn mmm ,,, ... ---

YYY XXX CCC VVV BBB NNN MMM ??? !!! '''

III. Tastatur-Schriftprobe -ohne Einfärbung-

1234567890ß' q w e r t z u i o p ü +

; " = % & ( ) _ § / : `Q W E R T Z U I O P Ü *

a s d f g h j k l ö ä $ A S D F G H J K L Ö Ä £

y x c v b n m , . - Y X C V B N M ? ! '

IV. Umschalthub (Typenmotion)

(Der Umschalthub ist der Abstand der Schriftzeichen auf den Typenträgern von Typenhebelmaschinen, gemessen von Basislinie des jeweiligen Schriftzeichens).

Unter progressiver Betätigung der Umschaltung "hH"-Taste mehrfach anschlagen!

hhhhhhhhhhhhhhhhhhhhh H HH H HH HH HH H hhh hhhhhh H h

Datum:

Abb. 13

Die Vergleichsschrift muß möglichst auf dem gleichen Papier wie das anonyme Schreiben hergestellt werden. (Prüfen Sie die Stärke und Oberflächenbeschaffenheit des Papiers).

Jedes der angefertigten Blätter muß mit Fabrikat, Modell, Nummer der Maschine usw. genau bezeichnet werden.

Vergessen Sie letztlich nicht folgende Möglichkeit. Der Täter konnte natürlich in der Zwischenzeit an seiner Maschine Veränderungen vornehmen, oder einzelne Typen können durch unsachgemäße Behandlung verbogen worden sein. Durch einen Schreibmaschinenmechaniker können aber auch unterdessen einzelne Typen ersetzt oder ausgewechselt worden sein. Dies alles müssen Sie natürlich in Betracht ziehen.

Entstehung von Typen- und Mechanismusdefekten

Das Schriftbild einer Schreibmaschine besitzt vor allem dann Individualcharakter, wenn die Maschine längere Zeit in Gebrauch war. Durch den Gebrauch werden sowohl die Typen und Typenhebel als auch bestimmte Mechanismusteile der Schreibmaschine (z. B. Hebelwerk, Schaltrad, Walze) in unterschiedlichem Ausmaße verändert.

Diese Veränderungen (Defekte) werden sowohl durch normalen Materialverschleiß (Abnutzungserscheinungen) als auch durch besondere Umstände (z. B. Reparaturen, unzulängliche Schreibtechnik, mangelhafte Pflege) verursacht.

Der Art und dem Ausmaß der Defekte entsprechend verändert sich auch das Schriftbild der Schreibmaschine. Das Schriftbild wird also durch besondere Merkmale gekennzeichnet, die den Defekten der Schreibmaschine entsprechen. Ist in einer Schreibmaschinenschrift eine genügende Anzahl von besonderen Merkmalen enthalten, so kann man davon ausgehen, daß es keine zweite Schreibmaschine mit denselben Merkmalen gibt. Die Tatschrift wird demnach mit der Vergleichsschriftprobe identisch sein.

Vergessen Sie schließlich nicht, daß eine Schreibmaschinenschriftanalyse viel Zeit, Geduld und äußerst exaktes Arbeiten erfordert.

Die Handschriftenanalyse

Das Gebiet der Handschriftenanalyse gehört ebenso wie die Maschinenschriftanalyse in den Arbeitsbereich des Privatdetektivs. Es sei allerdings vorweg gesagt, daß eine genaue Analyse eines wichtigen Schriftstückes, wie zum Beispiel einer Dokumentenfälschung, nur durch den Sachverständigen durchgeführt werden kann, da dieses Spezialgebiet eine lange und gründliche Ausbildung und sehr viel Erfahrung erfordert. Was ich Ihnen hiermit vermitteln will, soll Sie lediglich dazu befähigen, leichte Aufträge zu erledigen oder aber die Voranalyse zu schwierigeren Aufgaben durchzuführen. Bei schwierigen Fällen ist immer ein Sachverständiger für Handschriftenexpertisen beizuziehen. Selbstverständlich steht Ihnen die Möglichkeit offen, sich anhand von Fachliteratur zu spezialisieren.

Wie Sie bereits durch die Maschinenschrift-Untersuchungen wissen, hat der anonyme oder pseudonyme Brief, also der Brief ohne bzw. mit falschem Absender, sowohl in der privaten Sphäre als auch im öffentlichen Leben seit jeher eine schicksalhafte Rolle gespielt. Seine psychologische Wirkung ist weit größer, als man gemeinhin annimmt. Es wird Ihnen daher verständlich sein, daß ein Mensch, der entschlossen ist, einem anderen aus dem Hinterhalt mit anonymen Briefen zu schaden, indem er ihn bei Dritten verleumdet oder ihn gar bei Behörden einer strafbaren Handlung bezichtigt, sich aus natürlichem Selbsterhaltungstrieb heraus überlegt, wie er es anstellen soll, nicht erkannt zu werden. Neben der Verwendung der Schreibmaschine glaubt er in der Verstellung der Handschrift an das geeignete Mittel.

Wird Ihnen ein solches Schreiben vorgelegt, so müssen Sie es nach der üblichen Prüfung von Briefumschlag, Schreibpapier, der Suche nach Fingerabdrücken usw. wiederum, wenn möglich, fotografieren. Erst dann können Sie mit der eigentlichen Schriftanalyse beginnen.

Die Beurteilung der Handschrift

Als erstes müssen Sie sich soweit als möglich Klarheit darüber verschaffen, ob das Ihnen überbrachte Schreiben die ursprüngliche, natürliche Schreibweise des Urhebers wiedergibt oder ob die vorliegende Schrift absichtlich verändert ist.

Wenn Sie sich vergegenwärtigen, daß eine normale Handschrift in ihrer Formäußerung eine vorwiegend aus dem Unterbewußtsein des Schreibers gesteuerte Folge von Arm-, Hand- und Fingerbewegungen darstellt, die Schreibbewegungen der das Schreibwerkzeug führenden Person mehr oder weniger fest eingewurzelte persönliche Eigenarten zum Ausdruck bringen, so ist es einleuchtend, daß die erfolgreiche Verstellung einer Handschrift sehr schwierig ist. Die Fähigkeit zur einigermaßen erfolgreichen Verstellung hängt von der Schreibgewandtheit des Verbrechers ab, sodann auch von den gründlichen Kenntnissen der eigenen persönlichen Schriftmerkmale, welche unterdrückt und entweder durch frei erfundene oder aus fremden Handschriften entliehene Schriftformen ersetzt werden müssen.

Der Erfolg der Verstellung hängt weitgehend von der Vorbereitung ab, d. h. der probeweisen Herstellung mehrerer Entwürfe.

Dies erfordert neben dem Können vor allem anhaltende Aufmerksamkeit und große Ausdauer, welche Eigenschaften den meisten anonymen Briefschreibern glücken. Allerdings beschränken sich anonyme Briefschreiber meist darauf, den Gesamteindruck ihrer Schrift zu verändern in dem Bestreben, jeden Verdacht gegen sich von vornherein zu vermeiden. Dazu bedienen sie sich meist folgender Mittel:

1. Sie schreiben schulmäßig, d. h. in Anlehnung an die Schulvorlagen, um dadurch im Laufe der Zeit entwickelten persönlichen Schreibmerkmale möglichst auszuschalten.
2. Sie bedienen sich zuweilen auch der deutschen Schreibweise, während sie normalerweise mit lateinischen Buchstaben schreiben und umgekehrt.
3. Die meist übliche rechtsschräge Schreibweise wird senkrecht gestellt oder nach links verlagert.
4. Die Schriftgröße oder Schriftbreite wird verringert oder vergrößert.
5. Der gewöhnlichen Schriftform werden unnatürliche Verschnörkelungen angefügt oder solche aus der eigenen Handschrift weggelassen.
6. Unter anderem wird auch die Flüssigkeit der Schreibweise erhöht, wodurch die Schriftlänge vergrößert, verzerrt und ungenau wird usw.

Solche Schriftverstellungen sind meist unschwer zu erkennen. Beachten Sie daher die Unterbrechungen der Schreibbewegung, die Unsicherheitserscheinungen im Zuge der Schriftlinien, die Schwankungen in der Zeilenrichtung, die Schriftlage, Schriftgröße, Schriftbreite sowie die Berichtigungen einzelner Buchstaben usw. auf das genaueste. Sie ersehen daraus, auf welche Weise der unbekannte Schrifturheber seine Handschrift verstellt hat. Ob er aber auch imstande war, die persönlichen Eigenarten seiner Schreibweise vollständig zu unterdrücken?

Bei einer Schriftverstellung werden dem Schreiber seine charakteristischen Schriftmerkmale immer wieder zum Verhängnis werden, und gerade diese Merkmale bilden für Sie die Anhaltspunkte bei einer Schriftvergleichung.

Die Schriftanalyse

Wir setzen nun folgenden Fall voraus: Es werden Ihnen zwei Schreiben überreicht, bei denen Sie zu untersuchen haben, ob beide von gleicher Hand geschrieben wurden.

Nachdem Sie beide Schreiben im gleichen Maßstab fotokopiert bzw. fotografisch vergrößert haben (ca. 5fach), beginnen Sie mit der eigentlichen Analyse.

Die Basislinie

Wie bei der Maschinenschriftanalyse ziehen Sie mit einem Lineal ca. 5 mm unter einigen Textzeilen genau rechtwinklig zum Blattrand eine Linie. An Hand dieser Basislinie können Sie die Abstrichwinkel sowie das Steigen oder Fallen der Zeilen ausmessen.

Die Buchstabenlinie

Ziehen Sie eine Linie, die den Fuß sämtlicher Buchstaben einer Zeile berührt. Ist diese Linie gerade, gekrümmt, nach oben oder nach unten gewölbt? Entfernt sie sich wesentlich von der Basislinie?

Die Randbreite

Messen Sie die Breite des Randes auf der linken Seite, bei Absonderlichkeiten auch die auf der rechten. Achten Sie gleichzeitig darauf, ob Wörter am Zeilenende immer ausgeschrieben oder getrennt werden.

Die Anordnung des Textes

Studieren Sie bei den Schreiben die Anordnung von Datum, Anrede, Einrücken bei Absätzen usw. Viele Menschen verlassen ihr eigenes System niemals.

Die Zeilenrichtung

Ist die Zeilenrichtung horizontal, steigend oder fallend, und wie ist die Abweichung von der Basislinie? Messen Sie die eventuellen Abweichungen genau aus.

Die Wortzwischenräume und Zeilenabstände

Messen Sie die Zwischenräume zwischen den einzelnen Wörtern sowie die Zeilenabstände. Die letzteren besagen im allgemeinen nicht viel, können aber, wenn sie typisch sind, über den Schreiber sehr aufschlußreich sein.

Die Buchstabengröße

Die Buchstabengröße messen Sie von der Buchstabenlinie aus, und zwar die gesamte Höhe. Sind diese Höhen gleich, oder sind sie zu Beginn des Wortes, der Zeilen oder des gesamten Textes kleiner, um am Ende größer zu werden, oder umgekehrt?

Der Abstrichwinkel

Welchen Winkelgrad weisen die Abstriche der Buchstaben i, l, m B, F, H, K usw. auf?

Die Prüfung der einzelnen Buchstaben

Beginnen Sie vorerst einmal mit dem Buchstaben „b“. Hierzu messen Sie von allen im Text vorkommenden „b“ den Abstrichwinkel. Der Abstrich ist derjenige Teil der Buchstaben, welcher beim Schreiben von oben nach unten erstellt wird. Nehmen wir jetzt an, Sie finden für die Schrift A folgende Abstrichwinkel:

27 °, 30 °, 20 °, 29 °, 31 °, 28 °, 27 °, 26 °, 28 ° und 31 °, so ergibt dies einen Durchschnitt von 27,7 °. Für den Vergleichstext B dagegen:

21 °, 20 °, 19 °, 23 °, 22 °, 24 °, 19 °, 21 °, 25 ° und 23 °, im Durchschnitt also 21,7 °. (Grad).

Diese so erhaltenen Durchschnittszahlen sagen uns, daß die beiden Schriften aufgrund der Abstrichwinkel nicht von demselben Schreiber stammen. Dieser eine negative Punkt darf Sie aber nicht dazu verleiten, zu behaupten, daß die beiden Schreiben keinesfalls von gleicher Hand stammen. Jetzt müssen Sie noch weitere Anhaltspunkte für diese Behauptung finden.

Die Oberlängen der Buchstaben

Messen Sie genau die Oberlängen der Buchstaben b, d, f, h, k, L. Ebenso die Lage der i-Punkte und Akzentzeichen zu den dazugehörigen Buchstaben, also i, é, à, è usw.

Die Höhe der Querbalken

Auf welcher Höhe befinden sich die Querbalken der Buchstabenreihe f, t, A, F, H und T, gemessen von der Buchstabenlinie aus?

Die Rundungen der Buchstaben

Den Rundungen der Buchstaben müssen Sie ganz besondere Aufmerksamkeit schenken, und zwar nicht in Bezug allein auf die Form, sondern auch auf den Ort, wo die Feder beim Schreiben der a, g, o, q usw. angesetzt wurde. Zur Feststellung des Ansatzes gehen Sie wie folgt vor: Vergleichen Sie die Rundungen dieser Buchstaben mit dem Zifferblatt einer Uhr und teilen Sie die zu untersuchenden Rundungen in Gedanken mit den Zeitzahlen von 1 bis 12 ein. Sie können dadurch feststellen, ob der Schreiber z. B. zum Buchstaben o bei 12 oder 6 Uhr angesetzt hat. Studieren Sie auch die Rundungsformen der Oberlängen von b, f, h, k sowie diejenigen der Unterlagen der g, j und y.

Die Verzierungen

Beachten Sie allzu auffällige Verzierungen und Verschnörkelungen.

Die Buchstabenabstände

Hier handelt es sich um das Ausmessen der Buchstabenbreite.

Aus anderen Schriften entnommene Buchstaben

Bei dieser Prüfung ist das einzelne Vorkommen von schriftfremden Buchstaben gemeint, wie das Verwenden von gotischen in sonst lateinischem Text und umgekehrt. Es gibt übrigens viele Leute, die ihre normale Handschrift auf diese Weise mischen, ebenso kommt es vor, daß einzelne Buchstaben vom gleichen Schreiber abwechslungsweise verschieden geschrieben werden (z. B. lateinisches „z“ mit und ohne Unterlängen usw.).

Die Rechtschreibung

Achten Sie darauf, ob vielleicht in den beiden Texten die gleichen orthografischen Fehler oder typischen Satzwendungen vorkommen.

Die Verwendung von Abkürzungen

Viele Schreiber haben die Gewohnheit, bestimmte Wörter immer auf die gleiche Weise abzukürzen. Hierher gehört auch das Verdoppeln von n und m durch einen darübergesetzten Strich.

Die Trennung von Wörtern

Untersuchen Sie die Art und Richtigkeit der Silbentrennungen in Sätzen (bei langen, zusammengesetzten Wörtern) und am Zeilenende.

Die Federabhebungen

Wo wurde beim Schreiben die Feder jeweils vom Papier abgehoben und wo wieder neu angesetzt? Achten Sie auf die Anzahl der Unterbrechungen bei einer bestimmten Zahl von geschriebenen Wörtern. Hieraus ersehen Sie, ob es sich beim Schreiber um eine Person mit gebundener oder unterbrochener Schrift handelt.

Die Druckstärke der Handschrift

Handelt es sich bei den Schriftstücken um fadenförmige oder massive Schriften?

Wie Sie aus dieser Aufstellung ersehen können, gibt es unzählige Anhaltspunkte zur Analyse einer Handschrift. Nachstehend wollen wir Ihnen noch verschiedene zur Ausführung gelangende Schriftfälschungen erklären. Am meisten werden die folgenden 4 Fälschungsarten angewendet.

Die Handschriftenfälschungen

1. Die nachgeahmten Schriften

Bei solchen Fälschungen gibt sich der Fälscher alle Mühe, eine bestimmte Handschrift nach einer Vorlage genau abzuschreiben. Unter Abänderung des Textes versucht er dann, die eigene Schrift der Vorlage anzupassen.

Bei dieser Art von Fälschung wird der Täter zwar ohne weiteres den Text ändern, aber niemals die genau gleiche Schrift herstellen können wie der Originalschreiber. Bei genauer Untersuchung werden Ihnen vor allem das Zittern der Schrift sowie die häufigen Nachbesserungen auffallen.

2. Fälschungen freier Art

Bei solchen Schriftfälschungen kennt der Fälscher nur die Art der Schrift, die er nachahmen will, besitzt jedoch kein Original davon. Außer einer ziemlich zittrigen Schrift, die durch das langsame Schreiben entsteht, werden Sie hier weniger Nachbesserungen finden, zudem wird der Schriftwinkel nie mit der Originalschrift übereinstimmen.

3. Fälschungen durch Verstellen der eigenen Handschrift

Wie wir bereits erwähnt haben, muß ein Fälscher seine eigenen Schriftmerkmale sehr gut kennen, wenn er seine Schrift verstellen will. Wenn Sie beim Vergleich der mutmaßlichen Fälschung mit dem Original die Ihnen angegebenen Punkte peinlich genau durchgehen, so werden Sie sicher kleine Abweichungen vorfinden. Der Fälscher wird zum Beispiel kaum auf den Gedanken kommen, daß die genaue Lage der i-Punkte und Akzente eine bedeutende Rolle bei der Schriftanalyse spielen kann. Außerdem ist besonders bei längeren Schreiben ein Ermüden des Fälschers festzustellen; die Konzentration auf die Fälscherarbeit läßt nach, und die verstellte Schrift nähert sich in kleinsten Dingen wieder der eigenen.

4. Erzwungene Handschriften

Es kommt vor, daß von Erpressern vom Opfer unter Drohungen Unterschriften oder auch ganze Dokumententexte erzwungen werden, als Beispiel: Das erzwungene Testament einer sich auf dem Sterbebett befindenden Person.

Da sich das Opfer nun widerstrebend dazu bereitfindet, wird der Brief oder die Unterschrift häufig mit gelenkter Hand geschrieben, indem der Verbrecher die Hand des Opfers ergreift und mit ihr die Feder über das Papier führt. Bei einer solchen Fälschung werden Sie folgende Merkmale feststellen können: Je länger der Text ist, um so mehr wird die Schrift allmählich Ähnlichkeit mit derjenigen des Verbrechers bekommen. Die Abstriche bei einer solchen Fälschung sind verlängert, die Breite der einzelnen Buchstaben wird größer und die Rundungen der Buchstaben zickzackförmig. Denn, wenn eine Hand gezwungen wird, Schriftzüge zu erstellen, so entsteht unwillkürlich ein Kampf zwischen der führenden und der geführten Hand, wodurch die Schrift abgehackt erscheint.

Nun werden Sie sicher verstehen, daß eine einwandfreie Schriftanalyse hunderte von Messungen mit einem großen Zeitaufwand erfordert. Es kann natürlich nicht der Zweck dieses Buches sein, Schriftsachverständige auszubilden. Im Zweifelsfall ist ein abschließendes Urteil dem Experten zu überlassen, denn die Ermittlung der einzelnen Schriftmerkmale und die Bewertung von deren Beweiskraft setzt eine umfangreiche Erfahrung voraus.

Die Urkundenfälschungen

In der Regel werden Urkunden auf zweierlei Arten gefälscht. Entweder werden einer echten Urkunde Schriftsätze hinzugefügt oder abgeändert, oder die Urkunde wird in ihrer Gesamtheit gefälscht, das heißt, sie wird von fremder Hand von Grund auf neu geschrieben.

Bei mutmaßlichen Fälschungen wird neben der Schriftanalyse in schwierigen Fällen auch die Bestimmung des Tintenalters durchgeführt. Sind nämlich einer Urkunde nachträgliche Schriftzeichen zugefügt worden, so ist es einem Chemiker, der darin einige Erfahrung hat, ohne weiteres möglich, das Tintenalter zu bestimmen. Nachfolgend sei kurz erklärt, wodurch eine solche Tintenalter-Bestimmung möglich ist.

Fast alle Tinten enthalten in kleinen Mengen Salz- oder Schwefelsäure bzw. deren Chloride oder Sulfate. Bei der Alterung einer Tintenschrift wandern nun die Ionen dieser Chemikalien aus dem Schriftzug in das umgebende Papier aus. Es handelt sich um die sogenannte Ionenwanderung, die sich der Chemiker hier zunutze macht. Da nun die Säuren, wie auch deren Salze, farblos sind, bleibt dieser Vorgang unsichtbar. Die Ionenwanderungen schreiten mit der Zeit voran, und aus dieser Tatsache läßt sich mit Hilfe chemischer Verfahren das Alter der Tinte feststellen; wenn auch nicht auf den Tag genau, so doch in Zeiträumen von Tagen, Monaten oder Jahren.

Zum Schluß dieses Kapitels wäre noch die Fälschungsmethode des Pausens und ihre Aufdeckung zu erwähnen. Die Fälschung einer Urkunde wird vielfach auch im Pausverfahren hergestellt, wobei das Original mit Bleistift durchgepaust wird. Wenn solche Fälschungen vermutet werden, bedient man sich am vorteilhaftesten der Quarzlampe, die Ihnen ein Briefmarkenhändler, der dieses Instrument ja ebenfalls zur Aufdeckung von Fälschungen benützt, sicherlich zur Verfügung stellt. Meistens genügt jedoch das Mikroskop oder auch nur eine starke Lupe, womit Sie Farbspuren des Paus- oder Kohlepapiers oder sogar Reste einer Bleistiftvorzeichnung erkennen können.

Muster eines Diagramms

Abstrichwinkel

Abb. 14

ABSTRICHLINIE ist derjenige Teil der Linie, welcher beim Schreiben von oben nach unten erstellt wird.

KAPITEL 6

Die Kryptographie

Allgemeines

Unter Kryptografie versteht man die Geheimschriftenkunde. Es kommt vor, daß dem Privatdetektiv Geheimschreiben zur Entzifferung vorgelegt werden. Deshalb möchte ich hier zumindest die Einführung die Kryptographie ansprechen.

Der Wunsch, wichtige schriftliche Mitteilungen vor Unbefugten zu verbergen, hat zu den Geheimschriften geführt. Seitdem es Schriftsprachen gibt, kennt man auch Geheimschriften. Bereits die alten Babylonier, Assyrer, Spartaner und Römer haben sich ihrer bedient.

Geheimschriften wurden und werden hauptsächlich in der Diplomatie und im Kreigswesen angewendet, doch bedienen sich ihrer auch Großfirmen und Banken (Börsentips, wichtige Informationen usw.) und nicht zuletzt die Verbrecher. Welche Bedeutung die Geheimschriften im Krieg haben, ist Ihnen wohl ohne weiteres klar. Napoleon soll gesagt haben: „Ein Mann, der Geheimschriften zu lösen vermag, ist mehrere Generäle wert". In der Tat ist heute das Lösen von Geheimschriften oder Kryptogrammen eine Wissenschaft. Sie wird Kryptologie genannt. Die Entzifferungsspezialisten heißen Kryptologen. Diese Kryptologen, die heute mit den raffiniertesten Hilfsmitteln ausgerüstet sind, spielen z. B. in der Spionageabwehr eine bedeutende Rolle. Während im ersten Weltkrieg für das Entziffern sehr stark verschlüsselter Nachrichten oft viele Tage benötigt wurden, die Entzifferung also oft erst dann vorlag, wenn die wichtige Aktion bereits vorüber war, so besaßen z. B. die Amerikaner während des vergangenen Krieges eine elektronisch gesteuerte Wundermaschine, die, von erfahrenen Kryptologen bedient, ein kompliziert verschlüsseltes Telegramm nach Minuten oder spätestens nach wenigen Stunden in Klarschrift herausbrachte. Folgender Fall, der das Bestehen einer solchen Maschine vermuten ließ, hat sich später als Tatsache erwiesen. Ein chiffriertes japanisches Telegramm war aufgefangen worden, welches irgendwie als wichtig erachtet und deshalb sofort zur Entzifferung nach Washington gefunkt wurde. Tatsächlich enthielt der Funkspruch den Befehl an ein japanisches Kommando im Pazifik, zum Empfang höchster militärischer Führer bereit zu sein. Die ganze Entzifferung des Geheimbefehls sowie deren Auswertung durch die Amerikaner ging so rasch vor sich, daß das angemeldete Flugzeug mit der kostbaren Fracht vor seiner Landung am Ziel erwartet und abgeschossen wurde.

Nach dieser kurzen Abschweifung in das traurige Kapitel des Krieges und der Spionage wenden wir uns nun unserem eigentlichen Spezialgebiet zu. Neben verschiedenen Methoden zur Übermittlung von Nachrichten verwenden Verbrecher gelegentlich auch Geheimschriften. Es ist vorgekommen, daß z. B. Häftlinge einem Justizbeamten unbemerkt eine chiffrierte Nachricht an den Rücken geheftet haben, so daß dieser ungewollt einem Verbrecher-Komplizen die Nachricht überbrachte.

Hiermit gebe ich Ihnen einige Beispiele von chiffrierten Texten mit dem dazugehörenden „Code". Unter Code versteht man den „Schlüssel" zum Entziffern (dechiffrieren) von chiffrierten Schriften. Der Absender folgender chiffrierter Zeilen teilt dem Empfänger mit:

1. Geheimschrift:

vvkv3eeae2rrsr4smsg6tuer4etta8cetb7ktee5n

Lösung:

vvkv3eeae2rrsr4smsg6tuer4etta8cetb7ktee5n

also:

versteck vermutet kassette vergraben.

Oder auch:

2. Geheimschrift:

n5eetk7btec8atte4reut6gsms4rsrr2eaee3vkvv

Lösung:

Genau gleicher Text wie beim ersten Beispiel, nur ist er in diesem Falle von hinten nach vorne chiffriert.

Diese Chiffrierung ist sehr einfach. Die einzelnen Wörter werden einfach in Buchstaben zerlegt und diese zu scheinbar sinnlosen Gruppen zusammengefaßt, wobei der Schluß jeder Buchstabengruppe durch eine beliebige Zahl kenntlich gemacht wird.

Es gibt eine Unmenge von Arten und Varianten der Chiffrierung. So kann man Buchstaben beliebig umstellen oder durch Zeichen und Zahlen ersetzen. Als Beispiel folgt ein Kryptogramm, bei welchem Buchstaben durch Zahlen ersetzt sind und nur diese eine Bedeutung haben, während die Buchstaben lediglich zur Irreführung dienen. Der Schlüssel ist ganz einfach: Das ganze Alphabet (einschließlich „j“) wird fortlaufend numeriert, angefangen z. B. bei der Zahl 2, also:„a“=2, „b“=3, „c“=4 usw.

3. Geheimschrift:

garf5 dies6 afgr21 fesr6 rkhg12 rfnt21 ivdl10 kfuw23 grhz20 unde4 fhso9 atbf22 kdwa13 xuqe6.

Lösung:

Detektivschule

Zur Erschwerung der Entzifferung von Kryptogrammen werden oft auch selbstgeschaffene Zeichen für Buchstaben oder Silben verwendet. Nachstehend ein Beispiel einer solchen selbstgeschaffenen Hieroglyphen-Schrift, die der Taubstummen-Zeichensprache entnommen ist.

4. Geheimschrift:

Lösung:

Detektivschule

Geheimschriften haben natürlich für den Empfänger nur dann einen Wert, wenn er im Besitz des entsprechenden „Schlüssels“ zur Dechiffrierung ist. Ein Brief, der rein äußerlich gesehen eine harmlose Mitteilung enthält, kann auch ohne eine Verwendung von Geheimtinte eine geheime Nachricht enthalten. Es können in einem harmlosen Schreiben bestimmte Buchstaben etwas tiefer oder höher geschrieben sein. Diese bilden dann ein Wort oder einen Satz.

Als Privatdetektiv werden Sie wohl kaum sehr schwierige Geheimschriften zu entziffern haben, weshalb Ihnen nur die Grundbegriffe, das sogenannte Elementarverfahren der Geheimschriften und wie man an deren Lösung herangeht, bekanntgegeben werden.

Die Geheimschriften werden im allgemeinen in 2 Kategorien eingeteilt:

A. Das Ersatzverfahren und

B. Das Versatzverfahren.

Die Geheimschriften sind also entweder auf dem Ersatz- oder auf dem Versatzverfahren aufgebaut. Durch das Kombinieren dieser Systeme kann man sich auch einer sogenannten doppelten Überschlüsselung bedienen, also eines kombinierten Verfahrens. In der Praxis wird dieses Kombinationsverfahren aber selten angewendet, da es sehr kompliziert ist.

Beim Ersatzverfahren wird jeder Buchstabe der verständlichen Sprache, „Klartext“ genannt, durch ein Geheimelement (Buchstaben, Zahl oder Zeichen) ersetzt. Die Stellung dieser Geheimelemente ist die gleiche wie im Klartext.

Bei den Versatzverfahren jedoch ändert sich nur die Stellung des Klarelements im Geheimtext; es wird versetzt, das Klarelement als solches bleibt aber unverändert bestehen. Ich werde Ihnen noch einige Beispiele solcher Art geben.

Die einfachste Art des Ersatzverfahrens ist das Buchstabentauschverfahren, welches als „Cäsar“ bekannt ist, weil es sich angeblich um die Erfindung von Julius Cäsar handelt. Man unterscheidet noch zwischen dem systematischen und dem unsystematischen „Cäsar“.

Beim systematischen Cäsar wird das Geheimalphabet einfach um einen oder mehrere Buchstaben verschoben oder, um es noch geheimer zu machen, dazu noch rückwärts geschrieben.

Dieses System wird nun an Hand einiger praktischer Beispiele gezeigt, welche Ihnen mehr vermitteln als Theorie.

1. Der systematische Cäsar

Klar-buchstabe	Geheim-buchstabe	Klar-buchstabe	Geheim-buchstabe
A	B	N	O
B	C	O	P
C	D	P	Q
D	E	Q	R
E	F	R	S
F	G	S	T
G	H	T	U
H	I	U	V
I	J	V	W
J	K	W	X
K	L	X	Y
L	M	Y	Z
M	N	Z	A

Der Geheimbuchstabe ist also in diesem Falle in der Reihenfolge des Alphabets um einen Buchstaben verschoben.

Beispiel: EFUFLUJW-TDIVFMFS

Lösung: Detektiv-Schüler

Natürlich kann man bei diesem System den Geheimbuchstaben um mehrere oder auch beliebig viele Stellen im Alphabet verschieben, um die Dechiffrierung zu erschweren.

2. Der unsystematische Cäsar

Beim Aufstellen eines unsystematischen Cäsar-Schlüssels werden den Klarbuchstaben die Geheimbuchstaben aus dem Alphabet beliebig, also ohne jede Reihenfolge, gegenübergestellt. Zum Beispiel:

„A“=V, „B“=E, „C“=T, „D“=B usw.

Um eine Geheimschrift scheinbar noch komplizierter zu gestalten, können an Stelle von Buchstaben beliebige Zahlen gesetzt werden, wie Ihnen nachstehendes Zahlensystem zeigt. Das Zahlensystem ist im Grunde genommen nichts anderes als ein unsystematischer Cäsar.

Das Zahlensystem

Klar-buchstabe	Geheim-zahl	Klar-buchstabe	Geheim-zahl
A	5	N	12
B	7	O	11
C	9	P	19
D	3	Q	13
E	2	R	17
F	1	S	20
G	4	T	22
H	6	U	18
I	8	V	16
J	25	W	15

Das Zahlensystem hat den Vorteil, daß sich die Klarelemte auch durch mehrere verschiedene Zahlen ausdrücken lassen, jedoch den Nachteil, daß die Geheimtexte oft recht lang werden.

Das Zeichensystem

Als Geheimschrift wird oft auch ein Zeichensystem angewendet. Nachstehend sei hier ein solches Zeichensystem aufgezeigt, welches jedoch komplizierter aussieht, als es ist und ohne große Schwierigkeiten zu dechiffrieren ist.

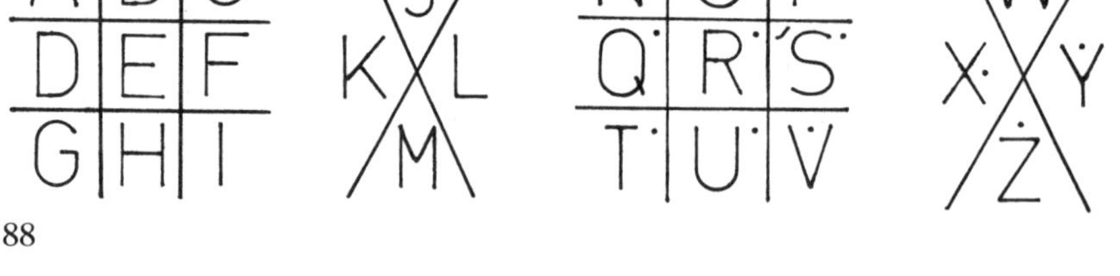

Nach diesem Schlüssel würde das Wort „Detektiv“ folgendermaßen aussehen:

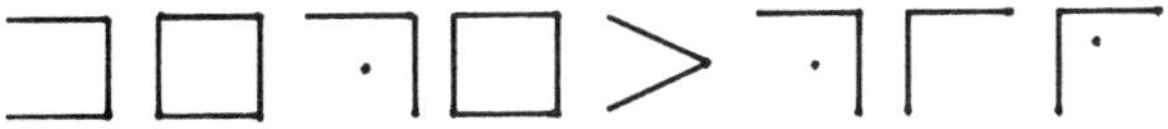

Das Dechiffrieren von Geheimschriften

Um Geheimschriften dechiffrieren zu können, ist von der Tatsache auszugehen, daß es in jeder Sprache gewisse Buchstaben gibt, die häufiger vorkommen als andere. In der deutschen Sprache ist das Vorkommen des Buchstabens „e“ am zahlreichsten. Hierauf folgen die Buchstaben n, i, r, s, t, u, d, a, h. In Prozenten sieht die Häufigkeit folgendermaßen aus:

E	18,3%	U, D	7,0%
N	14,1%	A, H	6,6%
I, R, S, T	8,6%		

Diese Prozentzahlen schwanken je nach der Länge des Textes unbedeutend. Maßgabend ist in jedem Falle die Sprache, in welcher der Text verfaßt ist.

Bei der Dechiffrierung einer Geheimschrift gehen Sie am besten nach folgender Methode vor:

Bestimmen Sie zuerst immer den prozentualen Anteil der am häufigsten auftretenden Geheimbuchstaben, Zahlen oder Zeichen. Wenn bei der Auszählung der Zeichen eines solchen Geheimtextes die zehn häufigsten ungefähr vorgenannten Prozentzahlen entsprechen, dann können Sie ohne weiteres darauf schließen, daß es sich bei der vorliegenden Geheimschrift um einen „Cäsar“ in deutscher Sprache handelt.

Ist der Geheimtext mindestens 60 bis 80 Buchstaben lang, dann können Sie für die beiden am meisten vorkommenden Geheimzeichen die Buchstaben E und N als Klarelemente annehmen. Setzen Sie also über das am meisten vorkommende Zeichen den Buchstaben E und über das am zweithäufigsten auftretende den Buchstaben N. Nun versuchen Sie mit den nächsten zahlreichsten Zeichen Wörter oder Wortteile zu formen, und bald werden Sie kurze Wörter wie: in, der, die usw. einsetzen können. Mittels dieser Stichworte wird es Ihnen darauf nach relativ kurzer Zeit möglich sein, den Geheimtext zu entziffern.

Das Auszählen der Geheimelemente geschieht mit Hilfe einer Strichliste, von der man dann schließlich den prozentualen Anteil jedes Zeichens am ganzen Text ablesen kann. Zur Übung gebe ich Ihnen nachstehendes Beispiel: Schreiben Sie einen beliebigen Zeitungstext von etwa 200 bis 300

Buchstaben ab, in dem Sie alle Wörter in Fünfergruppen zusammenfassen. Die Umlaute ä, ö, ü schreiben Sie als ae, oe und ue.

Beispiel:	Eineg Eheim Schri Ftzud Echif Frier Enist Einem Uehsa Mearb Eit etc. etc.
also:	Eine Geheimschrift zu dechiffrieren ist eine mühsame Arbeit etc. etc.

Nun fertigen Sie nach der erklärten Methode eine Strichstatistik der einzelnen Buchstaben an. Je sorgfältiger Sie diese ausführen, desto leichter wird Ihnen die weitere Bearbeitung fallen. Konstruieren Sie jetzt irgendeinen systematischen „Cäsar“ und setzen Sie damit den Klartext in die Geheimschrift um. Nun fertigen Sie aus dem erhaltenen Geheimtext ebenfalls eine Strichstatistik an. Vergleichen Sie darauf die beiden Strichstatistiken, und Sie werden zu einer interessanten, aber logischen Feststellung gelangen.

Es wird Ihnen einleuchten, daß es häufiger und wiederholter Übung bedarf, um Geheimschriften entziffern zu können; denn man kann nicht an die Dechiffrierung schwieriger Texte gehen, ohne die Elementarverfahren zu beherrschen. Ich bin jedoch davon überzeugt, daß es Ihnen in kurzer Zeit gelingen wird, auch schwierigere Geheimtexte in Klarschrift zu setzen.

Hier sei noch ein alter Trick erläutert, wie harmlose Schreiben zur geheimen Nachrichten-Übermittlung verwendet werden. Folgende Nachricht, die sich völlig harmlos liest, jedoch eine geheime Mitteilung enthält, diene als Beispiel:

Habe gestern deine Eltern getroffen. Sie werden mit dem nächsten Schiff in den Süden in die Ferien fahren. Morgen wird auch Ingrid wieder hier eintreffen.

Die geheime Nachricht lautet:

„Werden mit dem nächsten Schiff eintreffen“.

Der Trick besteht darin, daß sowohl der Absender als auch der Empfänger eine „Maske“ mit denselben Ausschnitten besitzt und die, auf die harmlose Nachricht gelegt, nur den wichtigen Text erscheinen läßt — und schließlich gibt es noch Briefe harmlosen Inhalts, bei denen abgesprochenermaßen nur das 2. oder 3. Wort für den Empfänger von Bedeutung ist.

Geheimtinten

Zum Schluß wollen wir noch über einige Geheimtinten reden und darüber, wie sie sichtbar gemacht werden. Mit Geheim- oder „sympathetischer“ Tinte geschriebene Texte haben die Eigenschaft, nach kurzer Zeit unsichtbar zu werden. So kann man die geheime Botschaft zwischen die Zeilen eines buchstäblich nichtssagenden Briefes schreiben.

Wie werden nun solche Geheimtinten hergestellt? Angefangen von den einfachen, wobei Urin, Zitronensaft, Speichel, Milch und Bier etc. verwendet werden, kann man auch komplizierte Tinten herstellen, bei denen die Sichtbarmachung manchmal auf Widerstand stößt. Diese bestehen meist aus Harnsäure, Zitronensäure, Kalkstoffen, Fetten, Eiweißen und Aschensalzen.

Das Sichtbarmachen solcher Tinten ist relativ einfach. Wenn Sie das verdächtige Papier leicht erwärmen oder über Joddämpfe halten, so wird die Schrift sichtbar. Auch die Behandlung mit feinstem Graphitpulver kann die geheime Nachricht erscheinen lassen. Wenn Joddämpfe nichts ausrichten, so wird das Bepinseln mit Silbernitratlösung meist zum Erfolg führen. Silbernitrat-, auch Höllensteinlösung genannt, wird hergestellt, indem man einer kleinen Menge destillierten Wassers Silbernitrat zugibt, bis es gesättigt ist. Mit einem weichen Pinsel oder einem Wattebausch wird sie auf die Stelle leicht aufgetragen, wo die Geheimschrift vermutet wird. Dieselbe Lösung eignet sich übrigens auch zur Sichtbarmachung von Fingerabdrükken auf Papier. Beim Arbeiten mit Silbernitratlösung muß sehr sauber vorgegangen werden, da sonst schwer zu entfernende braune Flecken an Fingern und Wäsche entstehen.

Im allgemeinen können die meisten Geheimtinten sichtbar gemacht werden, wenn man

1. das Schreiben über einer Flamme vorsichtig erwärmt oder mit einem warmen Bügeleisen behandelt;
2. das Papier kurz in Wasser taucht;
3. das Schreiben über eine erwärmte Schale mit einigen Körnchen Jod bringt und es ½ bis 1 Minute den Dämpfen aussetzt;
4. das Papier mit Silbernitratlösung behandelt;
5. in den allermeisten Fällen leistet die Quarzlampe unschätzbare Dienste.

Es kommt aber auch vor, daß man die normale, sichtbare Tinte vorher entfernen muß, um ein Geheimschreiben lesen zu können. Zu diesem Zwecke dienen verschiedene Mittel, die alle im Prinzip darauf ausgehen, die sichtbare Tintenschrift auszubleichen. Es sind dies:

1. sogenannte Radierwasser (in den meisten Drogerien erhältlich),
2. eine Lösung von Chlorkalk,
3. Natriumhypochlorid mit einigen Tropfen Essig- oder gelöster Oxalsäure,
4. mit Wasser verdünntes Natriumthiosulfat.

Mit diesen Reagenzien wird folgendermaßen gearbeitet:

Das Radierwasser wird mit einem Wattebausch leicht aufgetragen. Es löst die Tinte auf oder bleicht sie aus.

Die Lösung darf — wegen Vergilbungsgefahr — auf keine Fall bei hoher Temperatur getrocknet werden, sondern muß an der Luft verdunsten. Diese Prozedur ist unter Umständen zu wiederholen.

Wir empfehlen, zur Übung Geheimschriften mit Geheimtinten selbst herzustellen, um sie dann wieder sichtbar zu machen, da auch diese Arbeiten einige Übung erfordern.

KAPITEL 7

Technische Untersuchungsmethoden

Mit diesem Kapitel sollen Sie mit den für den Privatdetektiv wichtigsten Untersuchungsmethoden bekannt gemacht werden.

Da es Ihnen kaum möglich sein wird, teure Apparate für ein eigenes Laboratorium anzuschaffen, beschränken wir uns nachfolgend auf die einfachsten Methoden.

Die Papieruntersuchung

Zur Identifizierung von anonymen Schreiben, Fälschungen usw. werden Sie oft zu vergleichenden Untersuchungen an Papieren greifen müssen. Zur genauen Untersuchung von Papieren verfügt man heute über die modernsten Instrumente, darunter vor allem das Mikroskop, Prüfmaschinen zur Bestimmung der Reiß- und Knitterfestigkeit, Falzzahlen-Bestimmungsapparate usw. Unter anderem werden zudem von einem Papier folgende Bestimmungen und Prüfungen durchgeführt: Gewicht pro m^2, Papierdicke, Tageslichtfarbe, Oberflächenbeschaffenheit, Papierglätteprüfung, Glanzprüfung, Verunreinigungen im Papier, Lichtdurchlässigkeit, Strukturprüfung, Wasserdurchlässigkeit, Saugfähigkeit, Leimungsgrad, Ultraviolett-Fluoreszenz und die elektrische Leitfähigkeit. Die chemischen Prüfungen bestehen aus der quantitativen und qualitativen Analyse.

Von all diesen Methoden seien diejenigen erwähnt, die für jedermann leicht durchführbar sind. (Vor allem sei Ihnen empfohlen, sie sich durch Übung anzueignen).

Ein Klient gibt Ihnen ein Schreiben ohne oder mit gefälschter Unterschrift, hat aber den Verdacht, es könne nur von X stammen. Ihre Schriftanalyse kann diesen Verdacht nicht bestätigen. Nun versuchen Sie, von X ein Schreiben zu erhalten (wie, darüber haben wir schon gesprochen), das Sie dann nach den folgenden Gesichtspunkten untersuchen:

1. Format und Dicke

Über das Messen des Formats erübrigt sich eine Erklärung, doch müssen Sie eventuelle Beschneidungsfehler beachten. Die Papierdicke bestimmen Sie mit einem Mikrometer auf eine Genauigkeit von $1/100$ Millimeter.

2. Gewicht des Papiers

Die Gewichte der beiden Papierbogen sind zu vergleichen. Das leistet eine Analyse — oder eine Papierwaage bis zu einer Genauigkeit von $\frac{1}{100}$ Gramm. Bei unterschiedlicher Größe der Bogen müssen Sie das Gewicht pro m^2 rechnerisch bestimmen. Haben Sie selbst keine Möglichkeit zu dieser Untersuchung, so kann Ihnen ein Fachmann (etwa ein Optiker oder ein techn. Laborant) behilflich sein.

3. Tageslichtfarbe des Papiers

Zu dieser Prüfung genügt es, die beiden Papiere bei gutem Tageslicht genau zu betrachten und über die Farbe genaue Notizen zu machen, wie grau, schwachgräulich, weiß, gelblich usw. Nehmen Sie zum Vergleich mit scheinbar weißem Papier einen Bogen bester und weißester Qualität, um die Farbabstufungen zu verdeutlichen.

4. Oberflächenbeschaffenheit

Diese Untersuchung können Sie mit einem Mikroskop oder in den meisten Fällen sogar mit einer starken Lupe vornehmen.

5. Verunreinigungen im Papier

Verunreinigungen, die von der Papierfabrikation herrühren, lassen sich am besten mit dem Mikroskop feststellen. Achten Sie aber auch auf oberflächliche Verschmutzungen wie Fettflecken, Ascheflecken und andere.

6. Die Struktur der Papiermasse

Auch hier empfiehlt sich ein Mikroskop: Es zeigt die verschiedenen Fasern des Papiers sowie ggf. das Wasserzeichen.

7. Saugfähigkeit

Für diese Bestimmung gibt es eine einfache Methode: Schneiden Sie von beiden Papieren je einen gleich großen Streifen. Nun tauchen Sie diese genau gleich tief in eine Schale mit Wasser, wobei Sie vom Moment des Eintauchens die Zeit mit einer Stoppuhr nehmen. Beobachten Sie genau, welche Zeit der Streifen benötigt, um Wasser bis zu einer bestimmten Markierung aufzusaugen. Zur besseren Beobachtung können Sie das Wasser mit Tinte leicht färben.

8. Vergilbungsgrad

Auch diese Bestimmung können Sie mit einer einfachen Methode annähernd genau durchführen. Legen Sie zwei gleich große Papierstreifen etwa 5 bis 10 Sekunden unter ein warmes Bügeleisen und vergleichen Sie dann, ob sie den gleichen Vergilbungsgrad angenommen haben.

9. Ultraviolett-Fluoreszenz

Wenn Sie ein Papier in die Nähe einer Ultra-Violett-Lampe bringen, so erhält es aufgrund des darin enthaltenen Leims eine bestimmte leuchtende Farbe, die man als Fluoreszenz bezeichnet. Je nach Papier- und Leimqualität ist diese Farbe verschieden. Als UV-Quelle können Sie eine Höhensonne verwenden.

10. Aschengehalt

Die Papierasche besteht aus den anorganischen, also den unverbrennbaren Verbindungen des Papiers. Diese Prüfung erfordert neben einer äußerst genauen Waage eine gewisse Erfahrung. Es wird für Sie allerdings selten in Frage kommen, solche Aschengehalte zu bestimmten, da ja Ihr Klient daran interessiert ist, das Originalschreiben möglichst unversehrt zurückzuerhalten.

Diese Untersuchungsmethoden sollen sie in die Lage setzen, ohne komplizierte Apparate zwei Papiere miteinander zu vergleichen. Vergessen Sie nicht, alle Messungen und Beobachtungen gewissenhaft zu notieren, da ein erfolgreicher Vergleich der beiden Papiere von diesen Aufzeichnungen abhängig ist.

Die Mikroskopiertechnik bei Fälschungen

Bekanntlich sind selbst die kompliziertesten Vorlagen vor Fälschungen nicht sicher, nicht einmal Banknoten, die doch eigens „fälschungssicher" gestaltet werden. Dennoch sind gerade Banknoten die Papiere, die am häufigsten gefälscht werden.

Nehmen wir an, Sie möchten zwei Banknoten vergleichen/untersuchen, von denen eine vermutlich falsch ist. Sie gehen folgendermaßen vor: Vielleicht genügt schon die übliche mikroskopische Untersuchung. Es können aber auch folgende Prüfungsarten angewendet werden. Zuerst lassen Sie sich von der vermutlich falschen wie auch von einer garantiert echten eine möglichst starke Vergrößerung machen. Darauf können Sie das Abbild der gestochenen Druckplatten Punkt für Punkt ausmessen und vergleichen. Unter dem Mikroskop lassen sich überdies die verwendeten Druckfarben einer genauen Prüfung unterziehen und Wasserzeichen vergleichen.

Bei nicht sehr geschickten Fälschungen können Sie die Noten oft schon mit einer einfachen Methode vergleichen: Legen Sie die beiden zwischen zwei Glasplatten genau übereinander und durchleuchten sie mit einer starken Lichtquelle. Vergessen Sie nicht, vorerst auch Format und Papierdicke zu messen, vielleicht gibt Ihnen allein schon dies deutliche Hinweise.

Die ultravioletten Strahlen (UV-Strahlen)

Wir wollen uns nicht damit aufhalten, wie die verschiedenen Strahlen erzeugt werden. Uns interessieren nur deren technische Anwendungsmöglichkeiten.

Wenn man z. B. einer Lampe, die UV-Strahlen erzeugt, ein mit einer unsichtbaren Tinte beschriebenes Papier entgegenhält, so kann man den sichtbar gewordenen Text sofort lesen; denn die Strahlen verwandeln die Farbe des Papiers und zeigen jede Veränderung an. Wenn Sie 10 verschiedene Papierblätter vor eine UV-Lampe halten, werden Sie feststellen, daß deren Farbe, sofern sie nicht vom gleichen Bogen stammen, zum Teil stark verschieden ist. Dank solcher Strahlen können also radierte, unsichtbare sowie ausgewaschene Schriften wieder sichtbar gemacht werden.

Die Infrarot-Strahlen

Bekanntlich können mit Infrarotkameras bei nebligem Wetter Fernaufnahmen gemacht werden. In der Kriminalistik werden die Infrarotstrahlen z. B. zur Sichtbarmachung von überschmierten Schriften, zur Erkennung von Pulverrückständen auf dunklen Kleidungsstücken sowie zum Fotografieren von Schriften in verschlossenen Briefumschlägen verwendet.

Die X- oder Röntgenstrahlen

Die Röntgenstrahlen durchdringen alle Gegenstände mit Ausnahme von Blei. Sie werden meist in Medizin und Technik verwendet, doch werden sie auch in der Kriminalistik eingesetzt, so zur Materialprüfung, zur Untersuchung von Perlen, Gemäldefälschung usw. Auch Koffer oder Pakete, in denen man „Höllenmaschinen“ vermutet, werden mit Röntgenstrahlen untersucht.

Fleckenuntersuchungen

Bei der Untersuchung von Flecken wollen wir die Identifizierung von Blutflecken herausgreifen. Zur Bestimmung von Blutflecken wird im allgemeinen die klassische Benzidinprobe (Benzidin-Test) angewendet, welche unwiderleglich beweiskräftig ist.

Mit diesem Test kann zunächst festgestellt werden, ob ein verdächtiger Flecken überhaupt von Blut stammt, denn durch die Farbe erhält man keinerlei Aufschluß. Blutflecken sind durchaus nicht blutrot, zuerst sind sie dunkelrot, später schokoladenbraun, und wenn Sie ganz alt sind, verwandeln sie sich in ein undefinierbares Grau. Manchmal können Blutflekken aber auch olivgrün oder sogar farblos sein; dies je nach Temperatur, Feuchtigkeit und den Eigenschaften des Trägermaterials.

Benzidin-Test-Mischung

2 cm^3 Eisessig (Essigsäureanhydrid oder Methacarbonsäure),
1 cm^3 Wasserstoffsuperoxyd (frisch),
1 Spur Benzidin purum (Paradiamidodiphenyl).

Diese Mischung muß stets frisch zubereitet werden, da sie unbeständig und der Test sehr heikel ist. Bei der Zubereitung der Mischung ist folgendes zu beachten: Wenn sich die Mischung bereits im Glas bläulich verfärbt, so ist das ein Zeichen, daß das Glas, in dem sie zubereitet wurde, nicht peinlich sauber war; dann ist die Mischung zu wiederholen. Die Arbeitsweise für die Benzidinprobe ist folgende: Man befeuchtet den zu untersuchenden Flecken mit der Mischung. Ist er von Blut verursacht, so verwandelt sich das Hämoglobin (der Farbstoff des Blutes) sofort in ein nicht zu verkennendes tiefes Blau. Wenn ein Blutflecken sehr alt ist, so muß man ihn vorerst mit Pyrin befeuchten. Mag nun ein Kleidungsstück noch so sorgsam gereinigt worden sein, der Blutflecken wird unter der Einwirkung der Benzidinmischung wieder erscheinen. Ein amerikanischer Gelehrter hat sogar berichtet, daß sich Blutreste an mehr als 5000 Jahre alten Mumien mit diesem Test noch blau färbten.

Es ist noch zu erwähnen, daß man aus typischen Blutflecken sowie aus ihrer Farbe, Größe und Form (z. B. Blutspritzer) wichtige Tatsachen lesen kann, die über Art und Weise einer begangenen Bluttat Aufschluß geben können.

Ob es sich bei Blutflecken um Menschen- oder Tierblut handelt, kann nur der Fachmann an Hand der Blutgruppenbestimmung feststellen.

Benzidin wird übrigens nicht zur Identifizierung von Blutflecken angewendet, sondern auch zur

Sichtbarmachung von unsichtbaren Papillarlinien

auf der Haut. Diese Methode möchten wir Ihnen noch als Nachtrag bekanntgeben, sie wird von Spezialisten empfohlen.

100 mg Benzidin purum werden in 40 cm^3 95%igem Alkohol gelöst. Kurz vor dem Gebrauch gibt man dieser Lösung einige Tropfen Peroxydlösung zu. Mit diesem Gemisch werden die fraglichen Stellen der Haut vorsichtig überpinselt, worauf nach kurzer Zeit die Papillarlinien deutlich schwarzbraun hervortreten.

Die verschiedenen Blutfleckenformen

Form und Größe von Blutspuren sind weitgehend von den Entstehungsbedingungen abhängig. Man kann zwischen Tropf, Schleuder-, Spritz-, Wisch-, Schleif-, Abrinnspuren und Blutlachen unterschieden. Eine genaue Abgrenzung dieser Spurenarten untereinander ist oft nicht möglich, so daß aus der Form einer Blutspur nicht immer sichere Schlüsse auf die Art ihrer Entstehung gezogen werden können.

Häufig befinden sich im Bereich von Blutformspuren auch Abdrücke von Gegenständen, die sich zur Zeit der Blutspurenentstehung dort befunden haben und dann entfernt wurden, oder auch Finger- und Schuhspuren.

Die Fleckenform hängt von der Größe des Blutstropfens, dem Auftreffwinkel sowie von der Aufschlagsintensität ab. Ist ein Blutstropfen der Schwerkraft zufolge nach dem Auftreffen abgeflossen, dann sehen wir ein Blutband. Eine solche Abflußspur kann von einer anderen gekreuzt werden. Ist diese noch frisch, dann werden die Unterscheidungen im allgemeinen nicht möglich sein. Nach einigen Minuten beginnt sie schon zu trocknen. Wird sie erst jetzt von der zweiten gekreuzt, so fließt das Blut in die erste über. Das Blut trocknet durch seine Gerinnungsstoffe bereits nach 10 bis 30 Minuten ein. Manchmal hat eine Blutspur auch die sogenannte Siegelringform. Es handelt sich dann um eingeschlossene Luft oder auch um fetthaltige Blutstropfen. Sind solche in großer Anzahl vorhanden, dann deutet es darauf hin, daß es sich um Blut aus den Atmungsorganen handelt.

Nachfolgend nun noch einige verschiedene Blutformspuren und ihre Entstehung.

Tropfspuren

Tropfspuren entstehen, wenn Blut etwa senkrecht auf einen Spurenträger herabtropft. Entsprechend der Fallhöhe und des Auftreffwinkels können Tropfspuren unterschiedliche Formen aufweisen.

Spritzspuren

Werden Blutstropfen mit großer Geschwindigkeit auf einen Spurenträger gespritzt (z. B. durch Hineinschlagen mit einem stumpfen Gegenstand oder Werkzeug in eine Kopfwunde, bei Verletzung von Schlagadern), so entstehen Spritzspuren, deren einzelne Blutspritzer oft nur von geringer Größe sind.

Schleuderspuren

Schleuderspuren entstehen, wenn Körperteile oder Gegenstände (z. B. Werkzeuzge), an denen sich flüssiges Blut befindet, so heftig bewegt werden, daß Blutstropfen abgeschleudert werden. Derartige Spuren lassen sich häufig von Tropfspuren oder Spritzspuren nicht unterscheiden.

Wischspuren

Wischspuren können dadurch entstehen, daß ein Tatverdächtiger versucht, seinen Körper, seine Bekleidung, Tatwerkzeuge oder am Tatort befindliche Gegenstände durch Abwischen (z. B. mit einem Handtuch) zu säubern. Beim Auffinden von Wischspuren sollten Sie stets auch daran denken, daß beim Anfassen von Gegenständen blutige Fingerabdruckspuren hinterlassen worden sein können.

Abrinnspuren

Den am Körper eines Opfers befindlichen Abrinnspuren kommt als Situationsspur eine besondere Bedeutung zu. An Hand des Verlaufs von Abrinnspuren kann man feststellen, daß die Lage des Opfers verändert wurde.

Schleifspuren

Innerhalb von Blutlachen oder in deren Umgebung befinden sich mitunter Schleifspuren (verursacht z. B. durch Bewegungen oder nachträgliche Lageveränderungen des Opfers). Auf blutige Fußabdruckspuren sollten Sie ebenfalls achten.

Blutlachen

Bei größerem Blutverlust entsteht meistens eine Blutlache. Es ist allerdings zu berücksichtigen, daß große Blutmengen durch eine entsprechende Unterlage (z. B. Matratze, lockeres Erdreich) aufgesogen werden können. Die verlorene Blutmenge muß immer in einem gewissen Verhältnis zu den Verletzungen des Opfers stehen.

Die Sichtbarmachung von ausgefeilten Nummern und Metallen

Oft werden Privatdetektive mit der Nachforschung nach gestohlenen Fahrrädern, Waffen, Werkzeugen usw. beauftragt. Wenn Sie einen solchen Fall behandeln müssen, so werden Sie vielleicht den entwendeten Gegenstand auffinden, jedoch feststellen, daß er eine andere Fabriknummer trägt, als Ihnen angegeben wurde. Diebe und Einbrecher pflegen die Fabriknummern an gestohlenen Gegenständen meist wegzufeilen oder abzuändern.

Die Möglichkeit, ausgefeilte und ausgeschliffene Nummern wieder sichtbar zu machen, beruht darauf, daß an der Stelle, an welcher eine Nummer oder Bezeichnung eingeprägt wird, durch das Stauchen des Metalls Veränderungen im Metallgefüge entstehen. Diese Veränderungen gehen tiefer als die Prägung, und so ist es möglich, die Zeichen trotz des Ausfeilens sichtbar zu machen. Dazu werden verschiedene Methoden angewendet; hier eine als Beispiel:

Die Metalloberfläche wird an der fraglichen Stelle mit feinstem Schleifpapier vollständig blank geschliffen und dann mit einer Flamme auf ca. 200 °C erwärmt. Der Wärmegrad ist dann richtig, wenn die Oberfläche des Metalls gelblich wird. Unmittelbar nach dem Erwärmen wird die Metalloberfläche erneut geschliffen und poliert, bis alle Feil- und Schleifmarken entfernt sind und die Oberfläche völlig blank ist. Nun wird die Ätzflüssigkeit, bestehend aus Salzsäure, Kupferchlorid und reinem Alkohol, mit einem Pinsel auf das noch warme Metall aufgetragen.

Wenn man dieses Verfahren einige Male wiederholt, so tritt in dem auf diese Weise behandelten Metall die Spannungsdifferenz in Form der ausgefeilten Zahlen oder Zeichen deutlich sichtbar zutage.

Eine für diesen Zweck verwendbare Ätzlösung besteht aus:

1 cm^3 konzentrierter Salzsäure,

100 cm^3 reinem Alkohol.

Anstelle von Salzsäure kann aber auch Ammoniumpersulfat, Eisenchloridlösung oder Salpetersäure verwendet werden. Das Erwärmen des Metalls ist übrigens oft nur dann erforderlich, wenn das Ausfeilen der Zahlen schon längere Zeit zurückliegt.

Achtung!

Chemikalien sind immer so unter Verschluß zu halten, daß sie auf keinen Fall Kindern zugänglich sind. Alle Flaschen und Behälter von Chemikalien müssen deutlich und groß etikettiert sein.

Für Arbeiten mit Benzidin: Dieses Produkt ist sehr giftig und kann schwere Krankheiten hervorrufen! Achten Sie beim Umgang mit Chemikalien auf größte Sauberkeit, verwenden Sie bei giftigen und ätzenden Stoffen immer Gummihandschuhe, und waschen Sie die Hände immer gründlich. Arbeiten Sie nie ohne Schutzbrille! Das Hantieren mit Chemikalien ist höchst gefährlich, wenn man leichtsinnig und gedankenlos vorgeht, jedoch harmlos, wenn man ihnen mit der nötigen Vorsicht und peinlichen Sauberkeit begegnet. Denken Sie daran, daß Säuren wie Schwefel-, Salz- und Salpetersäure auch ihre Kleidungsstücke zerstören können. Sollte trotz aller Vorsicht ein Säurespritzer auf ihre Kleidung kommen, so handeln Sie sofort: Mit einem mit Soda oder stark verdünnter Lauge (z. B. Natronlauge) getränkten Lappen neutralisieren Sie den Säurespritzer und spülen mehrmals mit klarem Wasser nach.

Beim Hantieren mit Waffen kann ebenfalls nicht vorsichtig genug vorgegangen werden. Wenn Sie zum Beispiel an einer Waffe die Fabriknummer untersuchen wollen, so überzeugen Sie sich, ob sie auch wirklich entladen ist. Nehmen Sie zuerst immer das Magazin heraus, und kontrollieren Sie das Rohr der Waffe gründlich, ob nicht etwa eine Patrone oder ein Geschoß darin steckt. Mehr zu der Handhabung mit Waffen in einem der nachfolgenden Kapitel!

KAPITEL 8

Die Taktik des Privatdetektivs

A. Die Feststellungen

Bei jedem Fall, den Sie zu bearbeiten haben und der nicht gerade spielend leicht zu erledigen ist, müssen Sie sich in erster Linie einmal die Fragen stellen: Was, wo, wann und wie ist eine Sache geschehen?

Die weitere Fragestellung des „Warum“ beantwortet sich meist von selbst, ist jedoch oft ein wertvolles Glied in der Kette der Überlegungen. Die Antworten auf diese Fragen müssen Sie sich vorerst einmal als Feststellungen der Reihe nach notieren, und zwar angefangen von den ersten Zeugenaussagen bis zu ihren letzten eigenen Erhebungen. Sie müssen alles lückenlos aufnehmen, denn eine anfänglich geringfügig erscheinende Einzelheit kann im Verlaufe einer Untersuchung von entscheidender Bedeutung werden. Suchen Sie also vorerst einmal möglichst viel Material zusammen und richten Sie Ihr Augenmerk tunlichst auf beweiskräftiges Material. Sie werden schwache Punkte oder auch sich widersprechende Feststellungen finden, nicht nur widersprechende Zeugenaussagen, sondern auch Aussagen, die jeder Logik entbehren und geradezu unsinnig zu sein scheinen.

B. Die Folgerungen

Beim Ermitteln eines Falles wird Ihnen zur Aufklärung dieses oder jenes Bindeglied fehlen. Versuchen Sie den einzelnen Feststellungen einen zusammenhängenden Sinn zu geben. Sie haben sich an den Ort begeben, wo der Fall geschah. Sie haben von der Sache (z. B. Tatbestand) genau Kenntnis genommen und verschiedene Feststellungen gemacht. Jetzt müssen Sie versuchen, näheren Einblick in die Sache zu bekommen. Dies gibt Ihnen bei dem Ausarbeiten gewisse Anhaltspunkte, die Sie an Hand Ihrer Notizen nach allen Seiten erweitern und befestigen müssen.

C. Die Schlußfolgerungen

Die Folgerungen, zu denen Sie auf Grund Ihrer Vorarbeiten gelangt sind, verdichten sich zu den Schlußfolgerungen, zur Beweisführung und damit schließlich zum Resultat. So wie Tausende farbiger Steinchen ein kunstvolles Mosaik ergeben, so müssen Sie Ihre einzelnen Feststellungen zu einem lückenlosen Ganzen zusammenfügen. Sehr oft benötigt das Schließen einer kleinen, aber zur Beweisführung ausschlaggebenden Lücke weit mehr Aufwand als das bereits Vorhandene zusammen.

Stellen Sie sich bei einem Auftrag immer selbst möglichst viele Fragen, und suchen Sie darauf die folgerichtige Antwort. Wieso war z. B. gerade eine bestimmte Schublade offen, aus welcher Geld gestohlen wurde, und nicht auch die andern? Wer hat von der ganzen Angelegenheit einen Nutzen? Warum wurde vom Täter gerade dieser Ort oder diese Sache und warum gerade diese „Arbeitsweise“ gewählt?

Zum Beispiel: In einer Wohnung wurde ein Diebstahl begangen. Außer dem Möbelstück, welches das gestohlene Geld enthielt, war alles unangetastet. Warum wurden nicht auch andere Behältnisse geöffnet? Der Dieb muß also die Örtlichkeit und den Aufbewahrungsplatz des Geldes gekannt haben. Die Schlußfolgerung: Wahrscheinlich kommt ein Familienangehöriger, ein Freund oder ein Hausbewohner als Täter in Frage.

Ein weiteres Beispiel: Ein Leichnam wird gefunden und drei Meter entfernt eine Blutlache mit dem Blut des Toten. Der Arzt stellt den sofortigen Tod des Opfers fest. Hier wird die Schlußfolgerung lauten: Das Opfer wurde vom direkten Tatort entfernt; und da es keine leichte Sache ist, einen Toten wegzuschleppen, mußte zu dieser Handlung ein zwingender Grund vorliegen. Den muß man, als weitere Schlußfolgerung, zu finden versuchen.

Wie Sie aus diesen kurzen Beispielen ersehen können, führen nur die richtigen Schlußfolgerungen zu einem befriedigenden Resultat. Deshalb muß auch das kleinste Detail Beachtung finden, denn es kann ganz unerwartet in die richtige Richtung zur Lösung des Falles führen. Manchmal kommt es vor, daß ein Privatdetektiv anonyme Droh- oder Warnbriefe erhält. Diese Briefe prüfen Sie selbstverständlich genau: Warum droht man mir, oder weshalb warnt man mich? Sie müssen also immer alles, was sich auf einen zu bearbeitenden Fall bezieht, sorgfältig untersuchen und überlegen. Nur dann können Sie ihren „Feldzugsplan“ aufbauen.

Die Fahndung nach einem Verbrecher

In jedem einzelnen Fall wird nach einem speziell zugeschnittenen Plan vorgegangen. Um sich eine angemessene Verhaltensweise zurechtzulegen, müssen Sie alle Möglichkeiten sorgfältig abwägen. Lernen Sie schon nach den ersten Ermittlungen Schlüsse zu ziehen, die Sie weiter bringen können. Zum Beispiel: Zu welchem Typ oder zu welcher Verbrecherklasse gehört der Täter? Als Wegleitung wird Ihnen die Art und Weise dienen, wie ein Verbrechen begangen wurde. Sie können daraus auf den Grad der Intelligenz des Verbrechers schließen, ja vielleicht zudem auf seine Größe, seine Körperkraft, auf das Geschlecht. Ferner, ob es sich lediglich um einen kleinen Übeltäter handelt, um einen oder mehrere raffinierte Verbrecher oder sogar um eine gut organisierte Bande.

Wenn Sie beispielsweise feststellen, daß die Tat nur durch einen einzelnen verübt werden konnte, dessen Intelligenz nicht gerade überragend ist und dessen Arbeitsweise auf den primitiven Verbrecher hindeutet, dann suchen Sie ihn natürlich nicht in den besten Hotels einer Stadt, sondern in den entsprechenden Kreisen. Natürlich müssen Sie sich beim Besuch solcher Quartiere sowohl im Auftreten als auch in der Kleidung dem Milieu anpassen.

Sorgen Sie für gute Beziehungen

Aussagen von schlecht beleumdeten Personen können Ihnen unter Umständen von größerem Nutzen sein als die unbescholtener Leute. Deshalb sollen Sie sich nicht gleich mit Kriminellen befreunden. Doch es ist wertvoll, sich in ihren Kreisen auszukennen und ihre Mentalität zu verstehen. Ihre Bemühungen werden durch manchen wertvollen Tip belohnt werden.

Stellen Sie sich mit der Staatsanwaltschaft auf guten Fuß! Teilen Sie Ihre Erkenntnisse mit, erwecken Sie aber nicht den Anschein, mehr zu wissen als die Behörden. So machen Sie sich uns unbeliebt, denn natürlich weiß man dort, daß Privatdetektive oft an Informationen kommen, die den staatlichen Organen verborgen bleiben. Auch mit der Polizei sollten Sie eine gedeihliche Zusammenarbeit anstreben. Denn eine reibungslose Kommunikation zwischen Ihnen und den behördlichen Stellen kommt nicht nur Ihrer Arbeit zugute, sondern dient schließlich auch der Wahrheitsfindung im Interesse der Allgemeinheit.

Der Privatdetektiv und die Gerichtsorgane

Um es vorwegzunehmen: Die Gerichte haben allen Grund, den Aussagen eines Privatdetektivs skeptisch gegenüberzustehen, aber solange es Privatdetektive gibt, die für klingende Münze dazu bereit sind, vor Gericht mit der Wahrheit nicht allzu genau umzugehen, wird sich daran nichts ändern.

Es liegt auf der Hand, daß man dem Privatdetektiv schon deshalb mit Argwohn begegnet, weil er ein von seinem Klienten bezahlter Agent ist. Schließlich ist das Ziel seiner Nachforschungen die Entlastung seines Klienten, und so wird er auch vor Gericht eher zu dessen Gunsten aussagen als zu denen des Prozeßgegners. Das scheint jedenfalls die Auffassung der Gerichte zu sein. Näher betrachtet verhält sich die Sache beim Rechtsanwalt aber ganz ähnlich, der ja auch gegen Bezahlung die Interessen seines Mandanten vertritt.

Darum merken Sie sich folgendes: Vor Gericht ist immer genügend Belastungsmaterial bereitzuhalten. Unabdingbar sind Zeugen, die Ihre Aussagen bestätigen können. Vergessen Sie also nie, so viel wie möglich zu fotografieren und alle Spuren wie Fingerabdrücke usw. sicherzustellen. Höchste Priorität hat die absolute Zuverlässigkeit ihrer Angaben.

Oberstes Gebot ist das Bestreben, sich auf korrektem Wege Achtung und Geltung zu verschaffen. Schlußfolgerungen, die aus den Untersuchungen gezogen wurden, müssen allen Nachprüfungen standhalten. Wahrheitsliebe und Gerechtigkeitssinn sind die Triebfedern der Arbeit und bestimmen die Handlungsweise. Anträge zur Vorteilnahme stoßen auf taube Ohren. Der standesbewußte Privatdetektiv ist Diener der Wahrheit und des Rechts und setzt dafür seine gesamte Persönlichkeit ein.

Winke und Tips für den Privatdetektiv

Da Sie sich voraussichtlich am meisten mit Beobachtungen und Verfolgungen zu befassen haben werden, ist es für Sie von großem Vorteil, wenn Sie gewisse wichtige Vorgänge fotografisch festhalten. Weiter oben haben Sie bereits die Taktik der Verfolgung kennengelernt, nun geben wir Ihnen folgenden Rat: Fotografieren Sie soviel wie möglich, halten Sie Begegnungen usw. im Bild fest. Aber vergessen Sie nicht, neben den Personen auch gleichzeitig Dinge aufzunehmen, die wertvolle Hinweise geben auf den Ort auf die Zeit usw. Bei sonnigem Wetter ist z. B. ohne weiteres zu errechnen, um welche Zeit das Foto gemacht wurde.

Es gibt viele Möglichkeiten, unbemerkt Aufnahmen zu machen. Im Fotohandel gibt es übrigens Apparate, die für unauffällige Aufnahmen besonders geeignet sind, z. B. der „Robot“ und die verschiedensten Spezialapparate für Kleinstformate wie z. B. die „Minox“. Manche sehen wie eine Armbanduhr oder ein Feuerzeug aus.

Gute Aufnahmen werden Ihnen immer unwiderlegliche Beweise für Ihre Rapporte liefern.

Als Beispiel wollen wir folgenden Fall anführen: Ein Klient erteilt Ihnen den Auftrag, seine Frau zu überwachen. Nach abgeschlossenem Auftrag übergeben Sie ihm einen Bericht, aus dem hervorgeht, daß Sie seine Frau wiederholt mit einem jungen Mann in unmißverständlicher Situation in einem Park beobachtet haben. Ihr Auftraggeber wird darauffhin seine Frau zur Rede stellen, diese verschafft sich mit Hilfe einer guten Freundin ein falsches Alibi. In einem solchen Falle kann es nun vorkommen, daß ihr Auftraggeber nicht Ihnen, sondern seiner raffinierten Frau glaubt. Unter Umständen haben Sie sogar eine Klage wegen übler Nachrede zu erwarten, wobei die bewußte Freundin als Zeugin auftritt. Sie dürfen sich dann nicht wundern, wenn sie einen solchen Prozeß nur deshalb verlieren, weil Sie für Ihre Behauptungen keine Beweise erbringen können. So absurd es auch scheinen mag: Solche Fälle sind schon öfters vorgekommen.

Die Lehre daraus ist, daß man

keine schriftlichen Rapporte ohne Beweisunterlagen

abgeben soll. Es liegt auf der Hand, daß, wenn Sie im vorliegenden Fall ein belastendes Foto hätten vorlegen können, die Frau ihres Klienten mit ihrem falschen Alibi keine Chance gehabt hätte und sich so wie ihre gefällige Freundin wegen falscher Zeugenaussage in eine höchst unangenehme Lage gebracht hätte. An Stelle eines Fotoapparates können Sie natürlich mit großem Vorteil auch eine Filmkamera verwenden, mit der Sie sich gründlich vertraut gemacht haben. Gerade in unserem Beruf kann eine Filmkamera unschätzbare Dienste leisten, wenn sie z. B. in einem Raum verborgen angebracht und mit Selbstauslöser bedient werden kann.

Sehr nützlich ist zuweilen auch die Verwendung eines Tonbandgerätes, das dem Verfasser schon mehrmals wertvolle Beweise geliefert hat. Es gibt sehr handliche Geräte, die sich in Nebenräumen der zu überwachenden Person unauffällig installieren lassen. Das Kabel wird durch ein kleines Loch in der Wand zum Mikrofon geführt, das an einem geeigneten Platz gut verborgen ist. Vom Nebenzimmer aus läßt sich das verdächtige Gespräch abhören, und bei wichtigen Gesprächspassagen wird das Gerät eingeschaltet.

Wir ersuchen Sie nochmals in ihrem eigenen Interesse, keine schriftlichen Tätigkeitsberichte ohne Beweisunterlagen abzugeben, denn Sie müssen sich immer vor Augen halten:

Ein Privatdetektiv hat nicht mehr Rechte als ein gewöhnlicher Bürger.

Schriftliche Berichte soll man nur auf Anforderung eines Gerichtes an dieses abgeben. Zur Verdeutlichung ein weiteres Beispiel:

Ein Klient wünscht von Ihnen Informationen über eine gewisse Person. Die Auskünfte, die Sie über diese Person von allen Seiten erhalten haben, sind denkbar ungünstig. Nun geben Sie diese Information an ihren Auftraggeber weiter. Bedenken Sie, daß ihr Auftraggeber diese Auskünfte an Dritte weitergeben kann. Wenn nun die betreffende Person davon erfährt, laufen Sie Gefahr, wegen Verleumdung angeklagt zu werden. Wenn Sie wiederum keine Beweise anführen können, müssen Sie vielleicht die unangenehme Feststellung machen, daß das Gericht ihre Auffassung nicht teilt und Sie die Konsequenzen zu tragen haben. Eine Verurteilung wäre also die übelste Negativwerbung für ihre Tätigkeit. Seien Sie also mit der Weitergabe von schriftlichen Informationen sehr vorsichtig. Sie tun also gut daran, einen Klienten von vornherein darüber aufzuklären, daß sie ihm *mündlich Bericht erstatten* werden. Besteht er auf einem schriftlichen Rapport, so wägen Sie jedes Wort sorgfältig ab, und nennen Sie keine Namen.

Eines Tages erteilt Ihnen ein Klient den Auftrag, die Lebensgewohnheiten des Herrn X, der Geschäftsinhaber ist, auszukundschaften. Ihr Auftraggeber weigert sich, seinen Namen anzugeben und ein Auftragsformular auszufüllen und zu unterschreiben. Was soll man in einem solchen Fall tun?

Wenn Sie den Auftrag trotzdem ausführen, so können Sie unter Umständen folgendes erleben: Nachdem Sie ihren unbekannten Klienten über die gewünschten Daten informiert haben, wird einige Zeit später das Geschäft des X ausgeraubt. Ihr Kliente benutzte Sie also zum „Ausbaldowern“. Die Lehre daraus: Nehmen Sie nie einen Auftrag entgegen, der nicht schriftlich fixiert ist und nicht die Personalien und die Unterschrift des Auftraggebers enthält.

In einem solchen Fall können Sie den Auftrag zum Schein entgegennehmen und sich den dunklen Klienten selbst einmal näher ansehen. Stellen Sie seine Identität fest, und erstatten Sie, wenn nötig, Anzeige; denn wenn ein Klient seinen Namen nicht nennen will, ist äußerstes Mißtrauen angebracht.

Es ist schon vorgekommen, daß ein Privatdetektiv zu folgendem mißbraucht wurde: Eines Tages erscheint ein Herr und wünscht, daß eine bestimmte Frau, die jeden Mittwoch in seine Wohnung komme, unbemerkt fotografiert werde. Er erklärt, es handle sich um eine gute Bekannte, die sich weigere, ihm ein Foto zu schenken. Der Zweck dieses Auftrags ist ganz klar. Die Dame wird eine verheiratete Frau sein, und der „Klient“ wünscht die Fotos zu Erpresserzwecken. Die Lehre daraus: Wenn Sie feststellen, daß es sich tatsächlich um eine verheiratete Frau handelt, so müssen Sie den Auftrag auf jeden Fall ablehnen, eventuell sogar gegen den Auftraggeber Anzeige erstatten.

Es kommt oft vor, daß Sie im Auftrag einer verheirateten Person den Geliebten bzw. die Geliebte überwachen sollen. Auch in solchen Fällen ist ein Auftrag immer abzuweisen.

Es gibt Fälle, in denen der Observierte aus guten Gründen den Auftrag erteilt, den Spieß umzudrehen und seinen Beobachter ausforschen zu lassen. Solche Auftragswechsel dürfen nur dann vorgenommen werden, wenn der Auftrag des ersten Klienten aus zwingendem Grund abgewiesen und auch kein Honorar entrichtet wurde. Bereits geleistete Vorschüsse sind in solchen Fällen unter Abzug der minimalen Spesen zurückzuerstatten.

Die Rechte und Pflichten eines Privatdetektivs

Ihnen ist bewußt, daß ihre Tätigkeit als Privatdetektiv keine amtliche ist. Aber Sie müssen Ihre Klienten deutlich darüber aufklären, denn es gibt immer wieder Leute, die glauben, ein Privatdetektiv sei eine amtliche Person mit polizeilichen Befugnissen.

Es ist Ihnen verboten, sich als *Detektiv* auszugeben; widrigenfalls können Sie wegen Amtsanmaßung belangt werden. Ihre Berufsbezeichnung lautet *Privat*detektiv, und dies muß auch auf Ihren Briefköpfen stehen.

Als Privatdetektiv haben Sie nicht das Recht, Verhaftungen oder Hausdurchsuchungen vorzunehmen. Die staatlichen Organe benötigen dazu einen Haft- beziehungsweise einen Hausdurchsuchungsbefehl von der Staatsanwaltschaft. Sie dürfen aber in eine verbrecherische Handlung, bei der Sie zugegen sind, eingreifen, den Täter festnehmen und der Polizei übergeben. Zur Rettung einer gefährdeten Person dürfen Sie auch in eine fremde Wohnung eindringen. Dies sind allerdings Handlungen, zu denen jeder gewöhnliche Bürger sogar verpflichtet ist.

Will Ihnen also ein Klient einen Auftrag erteilen, mit dem das Eindringen in eine fremde Wohnung oder das Festhalten einer Person (Freiheitsberaubung) verbunden ist, so klären Sie ihn über die Rechte eines Privatdetektivs auf. Verweisen Sie ihn mit seinem Fall an die Kriminalpolizei, die in solchen Angelegenheiten allein zuständig ist.

Tätigkeitsbereich des Privatdetektivs

Der Tätigkeitsbereich eines Privatdetektivs erstreckt sich über alle nichtamtlichen Untersuchungen, die auszuführen er von Privatpersonen oder auch von amtlichen Stellen beauftragt ist. Es kann sich unter Umständen um Diebstahls- oder sogar Morduntersuchungen handeln, sofern ein solcher Auftrag von privater Seite übergeben wird. In einem Mordfall ist es selbstverständlich die erste Pflicht, die Kriminalpolizei zu verständigen. Bei einem Schwerverbrechen dürfen Sie sich einschalten — vor allem bei der Fahndung nach dem Täter —, wenn Ihnen der federführende Beamte die Erlaubnis dazu erteilt hat. Sollten Sie etwa mit der Untersuchung eines Diebstahls betraut werden mit der Maßgabe, keinesfalls die Polizei einzuschalten, dann haben Sie sich unbedingt daran zu halten. Hier wird ein vertraulicher Auftrag erteilt, vielleicht weil der Täter im Kreise der Familie zu suchen ist oder sonst ein Skandal vermieden werden soll. In Fällen von Mord oder Morddrohung kann es keine Vertraulichkeit geben, und Sie sind verpflichtet, unverzüglich die Kriminalpolizei zu verständigen.

In ihren Tätigkeitsbereich gehören auch Untersuchungen über *Werkspionage*; das Sammeln von Beweismaterial für Prozesse aller Art; die Überwachung und Verfolgung von Personen oder auch der bewaffnete *Begleitschutz*. (Über letzteres wird noch in einem der nachfolgenden Kapitel ausführlich gesprochen werden.) Das Aufspüren von Gegenständen wie Kraftfahrzeuge, Fahrräder oder andere Wertobjekte; Nachforschungen nach Personen, nach Urkunden wie verschwundene Testamente usw.; Untersuchungen von Diebstählen, sofern der Auftrag privater Natur ist; die Fahndung nach Schwerverbrechern, sofern der Auftrag von amtlicher Stelle erfolgt oder die Bevölkerung allgemein dazu aufgefordert wird. Das Untersuchen von Geheimschriften oder anonymen Briefen; Untersuchungen von Fälschungen aller Art, sofern Sie sich auf irgendeinem Gebiet besonders spezialisiert haben.

Welche Aufträge dürfen Sie entgegennehmen?

Seien Sie vorsichtig bei der Entgegennahme von Aufträgen. Wir haben Sie auf die Gefahr hingewiesen, wie schnell ein Privatdetektiv zu unlauteren Zwecken mißbraucht werden kann. Deshalb folgende dringende Ratschläge:

1. Nehmen Sie nie einen Auftrag an, der für Sie von vornherein undurchführbar ist. Machen Sie keinem Klienten falsche Hoffnungen.
2. Weisen Sie mit Nachdruck alle Aufträge zuürck, die mit Sitte und Anstand nicht zu vereinbaren sind.
3. Wird Ihnen ein unlauterer Auftrag erteilt, so sind Sie verpflichtet, die Staatsanwaltschaft zu unterrichten. Unter Umständen behalten Sie sich vor, den Auftraggeber zu verklagen.

Halten Sie sich immer vor Augen, daß die Tätigkeit eines Privatdetektivs äußerst verantwortungsvoll ist.

Sie dürfen um keinen Preis von der Erhlichkeit abweichen

Der Beruf eines Privatdetektivs verlangt absolute Ehren- und Gewissenhaftigkeit. Erfolg oder Mißerfolg steht oder fällt auf die Dauer mit der Beachtung oder Mißachtung dieses wichtigsten Grundsatzes.

Beachten Sie stets die Grenze zwischen Ihrem persönlichen Arbeitsbereich und den Befugnissen, die von Gesetzes wegen den staatlichen Behörden zukommen.

Wie eröffnet man ein Privatdetektiv-Büro?

Bevor Sie sich selbständig machen, sollten Sie als Praktikant in einer eingeführten Privatdetektei Kenntnisse und Erfahrungen sammeln.

Wenn Sie dann beabsichtigen ein eigenes Büro einzurichten, so müssen Sie sich als erstes beim zuständigen Gewerbeamt erkundigen, ob für die Ausübung des Privatdetektivberufes an ihrem Wohnort besondere Vorschriften bestehen; denn diese sind von Kreis zu Kreis verschieden. Auf alle

Fälle dürfen Sie den Beruf eines Privatdetektivs nur mit behördlicher Erlaubnis ausüben.

Wo richtet man ein Privatdetektiv-Büro zweckmäßig ein? Am besten natürlich in einem Geschäftsviertel in der Stadtmitte und möglichst in einem Hause, in dem noch Büros anderer Branchen vorhanden sind. Warum wohl? Ein Klient möchte begreiflicherweise nicht zufällig von einem Bekannten gesehen werden, wenn er das Haus eines Privatdetektivs betritt oder verläßt.

An der Haustür genügt eine nicht zu auffällige, seriös wirkende Firmentafel. Vermeiden Sie Bezeichnungen wie Detektei Fuchs oder Argus usw. Zur Ausstattung des Büros genügen zu Beginn ein Schreibtisch, zwei Stühle sowie ein Aktenschrank. Darin dürfen auf keinen Fall die Gesetzbücher fehlen, denn diese müssen immer zur Hand sein: das Strafgesetzbuch und das Bürgerliche Gesetzbuch (BGB). Im übrigen soll ein Privatdetektiv-Büro schlicht und sauber ausgestattet sein.

Als unentbehrliche Arbeitsutensilien seien erwähnt: Eine starke Lupe oder, noch besser, ein Mikroskop, ein Mikrometer, Maßstab, Stadtplan, Druckerschwärze, die erwähnten Chemikalien, Fotoapparat oder Filmkamera; Pinzette, Modellgips, Feldstecher als Grundausstattung.

Wie wirbt man Klienten?

Für den Anfang lassen Sie in den Lokalzeitungen Inserate erscheinen. Es genügt vorläufig ein Inserat von etwa 5 Zeilen, ungefähr folgendermaßen:

R. Schulz
Privatdetektiv
Ermittlungen — Überwachungen — Begleitschutz
Wirtschaftsdienste

Am Marktplatz 15 Tel.: 1 23 45

Dieses Inserat lassen Sie vorerst einige Male im Monat erscheinen. Wenn sie dann die ersten Klienten haben, so werden diese im Bekanntenkreis stets für Sie werben, vorausgesetzt natürlich, daß ihre Arbeit gut war. Sie können auch Empfehlungsschreiben drucken lassen, die Sie an Rechtsanwälte und Kaufhäuser versenden. Es gibt Rechtsanwälte, die Detektive im Abonnement beschäftigen. Es hängt von ihren Mitteln ab, wie Sie vorgehen wollen; vielleicht wenden Sie sich an einen guten Werbeberater.

Übrigens: Es ist ratsam, sich finanzielle Reserven zu schaffen, mit denen man mindestens die ersten drei mageren Monate überbrücken kann, bis das Geschäft sich langsam etabliert hat.

Das Berufsgeheimnis

Es gibt Leute, die dem Privatdetektiv Geheimnisse anvertrauen, die sonst höchstens ein Geistlicher erfährt. Bei der Ausübung dieses Berufes werden Sie auch öfters Gelegenheit haben, in die tiefsten Familienangelegenheiten zu blicken. Nicht nur, daß es strafbar ist: Es ist auch ausgesprochen schändlich, anvertraute Geheimnisse an Dritte weiterzugeben.

Niemals und *unter keinen Umständen* dürfen Sie vertrauliche Mitteilungen mit Drittpersonen besprechen, nicht einmal mit ihren allernächsten Angehörigen. Über alles, was Ihr Klient Ihnen vertraulich mitteilt, haben Sie absolutes Stillschweigen zu bewahren.

Bei Verhandlungen mit amtlichen Stellen haben Sie über Ihren Klienten nur so viel preiszugeben, als zur Klärung des Falles unumgänglich nötig ist. Allerdings hört das Berufsgeheimnis da auf, wo Ihr Klient sich selbst strafbar gemacht hat.

Es sei wiederholt: Der Privatdetektiv weiß manchmal von seinen Klienten mehr als ein Pfarrer von seinen Beichtkindern. Auf dieses Vertrauen darf er stolz sein, aber er muß es natürlich auch mit seiner Arbeitsweise rechtfertigen. Diskrete und gründliche Arbeit schafft einen guten Ruf, dieser zieht gute Kundschaft an, und nur auf solcher Basis ist Ihre Arbeit wirklich befriedigend.

Die Akten

Ihre Arbeit bringt es mit sich, daß Sie Akten mit vertraulichen Aufzeichnungen aufzubewahren haben. Treffen Sie jede Vorsorge, daß diese nicht in unbefugte Hände geraten, und sichern Sie sie auch gegen einen möglichen Einbruch. Besonders wertvolle Dokumente verwahren Sie am besten in einem Bank-Safe.

Wenn ein Klient es verlangt, haben Sie die Akten eines abgeschlossenen Falles in seiner Gegenwart zu vernichten.

Wie macht sich der Privatdetektiv für seine Arbeit bezahlt?

Es kommt vor, daß ein Klient sich an Sie wendet, ohne persönlich mit Ihnen in Kontakt treten zu wollen. Einen solchen Auftrag lassen Sie sich stets schriftlich bestätigen und verlangen einen Vorschuß von ca. 30% der vermutlich entstehenden Kosten. Ist der Vorschuß eher aufgebraucht, als die Arbeiten abgeschlossen sind, so fertigen Sie über den Stand der Untersuchungen einen Bericht an und fordern zur weiteren Verfolgung des Auftrages einen weiteren Vorschuß. Akten, Rapporte usw., die Sie abzuliefern haben, stellen Sie per Nachnahme zu.

Ist ein Klient Ihnen als seriös bekannt, so stellen Sie mit dem Abschlußrapport Rechnung. Spesen und ähnliche Ihnen entstandene Kosten werden immer separat verrechnet. Über die Höhe des Honorars lassen sich keine Angaben machen, da sie regional unterschiedlich festgelegt ist. Jedenfalls ist es empfehlenswert, individuelle Tarife anzuwenden, die etwa auch die soziale Situation der Klienten in Betracht ziehen; man wird also z. B. einer Privatperson mit niederem Einkommen eine geringere Summe in Rechnung stellen als einem Unternehmer, bei dem man den örtlichen Tarif voll ausschöpft.

KAPITEL 9

Der bewaffnete Begleitschutz

Hat es einen Sinn Leibwächter einzustellen?

Attentate sind in der Geschichtsschreibung vom Altertum bis zur Neuzeit oft mit dramatischen Folgen für die Menschheit verbunden gewesen. Zu allen Zeiten hat es sicher Menschen gegeben, deren Aufgabe es war, Attentate rechtzeitig zu erkennen und zu verhindern.

Die Erfahrung zeigt aber, daß es eine Perfektion auf diesem Gebiet nicht gibt, nicht einmal mit der modernsten Technik.

Wenn man die zahlreichen Überfälle und Attentate, von denen hochgestellte Persönlichkeiten in den letzten Jahren betroffen waren, analysiert, muß man feststellen, daß die meisten dieser Anschläge nur gelungen sind, weil kein wirkungsvoller Personenschutz vorhanden war. Über den Personenschutz von Politikern brauchen wir nicht zu reden; damit werden fast ausschließlich speziell ausgebildete Beamte der Polizei oder anderer Sicherheitsorgane betraut.

Viele Firmen, die aus aktuellem Anlaß (Terrorismusangst) für ihre Führungskräfte rasch einen Personenschutz aufgebaut hatten, schafften diese Einrichtung nach einigen Jahren der Ruhe aus Kostengründen wieder ab. Inzwischen bieten auch Privatfirmen oder Privatdetektive, die oft recht gut ausgerüstet sind, solche Dienste an.

An einen Leibwächter sind hohe Ansprüche zu stellen, wenn er seiner schwierigen Aufgabe gerecht werden soll: Entschlußkraft, Konzentrationsfähigkeit, Belastbarkeit sind unabdingbare Eigenschaften; eine ausgezeichnete körperliche Kondition gehört dazu. Der Leibwächter hat Gefahrensituationen augenblicklich zu erfassen und sofort das Richtige dagegen zu tun. Das wird in den meisten Fällen ein Schuß sein, der auch unter äußerster Nervenanspannung noch sicher ins Ziel treffen muß. Und damit sind wir bei der wichtigsten Voraussetzung: Der Leibwächter muß ein geübter Schütze sein, der seine Fähigkeiten regelmäßig trainiert, und zwar mit ausdrücklich auf Personenschutz abgestimmten Schießübungen. Diese werden in einer sog. Trefferkarte aufgezeichnet und sind folglich kontrollierbar. Hier geht es nicht etwa um wettkampfmäßiges Combatschießen, sondern um „Survivalschießen", wie es etwa in Südafrika ständig geübt wird: Der Beschützer bringt den Schutzbefohlenen aus der Schußlinie des Gegners, während er ihn mit dem eigenen Körper deckt und gleichzeitig auf den Angreifer schießt. — Fazit: Einen Leibwächter einzustellen ist dann sinnvoll, wenn man sich darauf verlassen kann, daß er den Angreifer schneller ausschaltet, als dieser der zu schützenden Person schaden kann.

Auf Seite 115 finden Sie das Beispiel einer Prüfungskarte für das Verteidigungsschießen mit vorgegebenen Übungen, die beweisen, daß der Schütze und Personenschützer sein Handwerk versteht.

Natürlich müssen die Übungen unter der Aufsicht neutraler Zeugen geschossen werden.

Begleitschutz mit separatem Kraftfahrzeug

Führende Persönlichkeiten des Wirtschaftslebens bedienen sich gern eines persönlichen Geleitschutzes, wenn sie sich zu Messen, Kongressen u. dgl. in fremden Städten aufhalten. Solche Aufträge ergehen dann auch an zuverlässige Privatdetektive. Der Verfasser hatte schon mehrmals Gelegenheit, in einer Messestadt im Rhein-Main-Gebiet diesbezüglich tätig zu werden.

Meist ist der Ablauf so geplant, daß der Auftraggeber selbst oder sein Chauffeur den Wegen steuert, während der Beschützer in einem eigenen Fahrzeug hinterherfährt.

Bevor Ihr Einsatz überhaupt beginnt, müssen Sie sich über den Programmablauf der zu schützenden Person in Kenntnis setzen. Das geschieht nach der Regel der „Goldenen W“: WER kommt, WANN, WO, WIE, WARUM?

WER: Da Sie in der Regel Ihren Auftraggeber nicht persönlich kennenlernen, müssen Sie sich ein Foto von ihm geben lassen, damit Sie ihn bei der Ankunft schon einwandfrei identifizieren können. WANN, WO, WIE: Datum, Uhrzeit, Ort der Ankunft; Verkehrsmittel (Eisenbahn, Flugzeug, Pkw?), mit dem er anreist. Dazu muß geklärt werden, ob Sie einen separaten Wagen benutzen oder mit im Wagen des Auftraggebers fahren. WARUM: Schließlich müssen Sie sich darüber informieren, aus welchem Grund der Aufenthalt stattfindet.

Wichtig ist die genaue Kenntnis der vorgesehenen Fahrtroute. Dabei ist es gleich, ob es sich um die Fahrt vom Flugplatz oder Bahnhof zum Hotel handelt oder um eine Stadtrundfahrt. Sie sollten, sofern Sie die technische Möglichkeit haben, mit dem Fahrzeug ihres Schützlings in ständigem Funkkontakt bleiben. Bei der vorher festgelegten Fahrtroute sowie durch den Einsatz von Sprechfunkgeräten gehen Sie sicher, ihren Schützling nicht aus den Augen zu verlieren.

Wenn Sie die Möglichkeit haben, noch einen ihrer Kollegen hinzuzuziehen (was der Verfasser bei seinen Aufträgen dieser Art übrigens immer tat), so

Leistungsnachweis für Combatschützen

Prüfungs-Karte Nr. ________

Namen: ________ Waffe: ________ Kal.: ________

Datum: ________ Schießstand: ________ Ort: ________

Zeugen: ________ Schießaufsicht: ________

Nr.	Übung:	Schießart	Ziel	Entf.	Zeit	Schuß	Schüsse insges.	Treffer soll	Treffer ist	Bem.
1	Präzision stehend	gez.	10 cm Kreis	10 m	5 Sek.	1	12	7		
2	Präzision hockend	gez.	10 cm Kreis	10 m	10 Sek.	2	12	8		
3	Hüftschuß	inst.	10 Mann Sch.	3 m	2 Sek.	2	12	8		
4	Police Crouch	inst.	1 Mann Sch.	5 m	2,5 Sek.	2	12	8		
5	Police Crouch	inst.	3 Mann Sch.	7 m	4,5 Sek.	3 x 2	12	8		
6	Doubletten kniend	gez.	1 Mann Sch.	10 m	3,0 Sek.	2	12	9		
7	Umdrehen, kniend	gez.	3 Mann Sch.	10 m	6,0 Sek.	3 x 2	12	8		
8	Nachladen liegend	gez.	3 Mann Sch.	10 m	8,0 Sek.	4 + 2	12	8		
9	Umdrehen stehend	gez.	3 Mann Sch.	10 m	10 Sek.	2 x 6	12	8		
10	Umdrehen liegend	gez.	3 Mann Sch.	10 m	13 Sek.	2 x 6	12	8		

Sollergebnis von 120 Schuß = 80 Treffer Ergebnis:

Unterschrift: Schütze Zeugen:

Bei jeder Übung wird die Waffe aus dem verdeckten Holster gezogen. Zielscheibe: Mannscheibe

Wertung: hervorrag. = 110 Treffer, sehr gut = 100 Treffer, gut = 90 Treffer, befriedig. = 80 Treffer, Streifschüsse werden nicht gewertet.

Adresse des Schützen: Adresse der Zeugen:

Name: Name: Name:

Straße: Straße: Straße:

Ort: Ort: Ort:

sollten Sie das tun. Vier Augen sehen mehr als zwei. Gerade bei solchen Fahrten ist es wichtig, seine Umgebung kritisch im Auge zu behalten. Während Sie sich auf den Verkehr konzentrieren, ebenso wie auf das zu überwachende Fahrzeug, kann ihr Kollege evtl. drohende Gefahren im voraus erkennen und unverzüglich Gegenmaßnahmen einleiten. Sie müssen sich mit ihrem Geleitfahrzeug immer unmittelbar (halber Tachoabstand) hinter dem ihres Schützlings befinden.

Ständiges Beobachten des Fahrzeuges ihres Schützlings, Erkennen von bedrohlichen Anzeichen, die von der Straße, Überführungen und Kreuzungen kommen können, etwaige Annäherung eines anderen Fahrzeuges, Werfen von Gegenständen gehören hierzu.

Wenn Sie mit der zu bewachenden Person beim Hotel angekommen sind, so fahren Sie mit ihrem Sicherungsfahrzeug links am Haltepunkt des anderen Fahrzeuges halb vorbei und bleiben dann in einem Seitenabstand so stehen, daß ein ungehindertes Öffnen der Fahrzeugtüren an beiden Fahrzeugen möglich ist. Eine gegenseitige Behinderung beim Aussteigen könnte im Notfall für alle Beteiligten fatale Folgen haben.

Beim Betreten des Hotels oder auch jedes anderen Gebäudes achten Sie darauf, daß Sie nicht vor, sondern immer hinter Ihrem Schutzbefohlenen gehen, um etwaige Angriffe abwehren zu können.

Das Hotelzimmer, das Ihr Schützling gemietet hat, ist selbstverständlich einschließlich der Toiletten genau zu durchsuchen, um vor unliebsamen Überraschungen sicher zu sein. Achten Sie auch auf Verbindungstüren zu anderen Zimmern, z. B. wenn es sich um eine Hotelsuite handelt.

Bei längerem Verbleiben ihres Schützlings (z. B. im Hotelappartement) ist sicherzustellen, daß Sie (sofern auf ausdrücklichen Wunsch) auf dem Flur des betreffenden Stockwerkes ständig einsatzbereit sind. Dies trifft auch für die Nachtzeit zu. Da Sie natürlich nicht rund um die Uhr ihren Sicherheitsaufgaben nachgehen können, wird ein Kollege Sie zu gegebener Zeit ablösen.

Ihr Auto muß mindestens so schnell sein wie das der zu schützenden Person. Dies ist besonders bei Überlandfahrten, z. B. auf der Autobahn, unumgänglich. Notfalls sollten Sie ein solches Fahrzeug mieten.

Ein Privatdetektiv — zumal wenn er solche Aufträge übernimmt – verfügt über eine Faustfeuerwaffe. Gut bewährt hat sich eine Waffe des Kalibers 6.35, die bei erhöhter Gefahr z. B. im Handschuh verborgen in der linken Hand getragen werden kann. Großkalibrige Waffen sind wegen ihrer Auffälligkeit für bestimmte Anlässe (z. B. gesellschaftliche) denkbar ungeeignet. Sie bleiben anderen Situationen vorbehalten und werden dann am besten im Schulterhalfter getragen. Im übrigen ist es Ihnen gestattet, unter Einhaltung der entsprechenden Gesetze sich mehrere Waffen unterschiedlichen Kalibers zuzulegen.

Begleitschutz erfordert eine gewisse Beweglichkeit und Phantasie, Anpassungsfähigkeit und Entschlußkraft des damit beauftragten Privatdetektivs. Von einem mit Engagement und souveräner Übersicht durchgeführten Einsatz wird im wesentlichen auch der Erfolg des Begleitschutzes abhängen.

Schleuderkurse für den Privatdetektiv

Für den wirksamen bewaffneten Begleitschutz mit dem Kraftfahrzeug muß man wissen, wie dieses optimal zu handhaben und einzusetzen ist. Mancher Anschlag auf den Pkw einer prominenten Persönlichkeit hätte glimpflicher ausgehen können, wenn der Fahrer über solche Fähigkeiten verfügt hätte. Nach der Tragödie um den Arbeitgeberpräsidenten Schleyer z. B. wurden Schulen eingerichtet, in denen Fahrer gefährdeter Personen „offensives Fahren" erlernen können.

Als Privatdetektiv werden Sie kaum die Möglichkeit haben, an solchen speziellen Schulungskursen teilzunehmen. Deshalb seien Ihnen hier einige der wichtigsten Ratschläge für Gefahrensituationen weitergegeben.

Ähnlich wie der Notwehrparagraph einige Gesetze außer Kraft setzt, wird die Straßenverkehrsordnung in einem Notwehr- oder Nothilfefall ausgesetzt, wenn es darum geht, das eigene Leben oder das des anderen vor einem Anschlag zu bewahren. Geschwindigkeitsübertretung, Spurenwechsel auf der Autobahn, Rammen des Verfolgerfahrzeugs sind nicht nur erlaubt, sondern sogar geboten.

Dabei kommt es auf blitzschnelle Reaktionen an: Die Situation muß erfaßt und ein Ausweg gefunden werden, gleichzeitig das Risiko für Unbeteiligte so gering wie möglich gehalten werden. Dies alles in präzise Fahrmanöver umzusetzen, muß gründlich trainiert werden.

Der Blick in den Rückspiegel dient nicht nur der Verkehrssicherheit, sondern auch der Vergewisserung, ob man verfolgt wird oder nicht, besonders an Ampeln oder in engen Straßen. Attentate oder Entführungen werden vorbereitet, indem die Gewohnheiten und die Fahrtrouten des Opfers lange Zeit vorher ausgekundschaftet werden. Aufmerksamkeit kann solche Unternehmen schon im Ansatz vereiteln.

Wird man dennoch von hinten oder von der Seite angegriffen, so sollte man versuchen, den Angreifer zu rammen, von der Fahrbahn abzudrängen oder ihn abzuhängen. Durch Licht- und Hupsignale sollte man andere Verkehrsteilnehmer auf sich aufmerksam machen. Blockiert ein Fahrzeug oder auch ein oder mehrere Schützen die Fahrbahn, so gibt es nur eine Möglichkeit: bedenkenlos daraufzufahren.

Wird von vorn auf die Wageninsassen geschossen, so darf der Fahrer keinesfalls mit Bremsen reagieren, im Gegenteil: Ein sich bewegendes Ziel ist viel schwerer zu treffen. Auch hier gilt: Gas geben und weiterfahren, wenn nötig auf den Schützen zu. Oft besteht auch die Möglichkeit, das Heil in der Flucht zu suchen; dann den Wagen um 180 Grad herumreißen und sofort in die Gegenrichtung voll beschleunigen. Etwaige Schäden an parkenden Wagen werden später reguliert — wenn man überlebt hat.

Wenn ein Fahrzeug die Straße sperrt, versucht man daran vorbeizukommen, indem man es zur Seite schleudert: Man prallt mit voller Wucht gegen die leichtere Seite, also die, die nicht den Motorblock enthält. (Dazu muß man natürlich wissen, ob das gegnerische Fahrzeug Heck- oder Frontmotor hat.)

Finden solche Angriffe nachts statt, so kann man sich die Blendwirkung des Fernlichts zunutze machen. Bei Wendemanövern schaltet man am besten das Licht aus, um die Verfolgung zu erschweren.

Das Notwehrrecht

Als Privatdetektiv sind Sie bei ihrer Arbeit oft Angriffen verschiedenster Art ausgesetzt. Deshalb sollten Sie wissen, in welchen Fällen Sie sich verteidigen und welcher Mittel Sie sich dabei bedienen dürfen. Im Falle der Notwehr ist Ihnen der Gebrauch der Schußwaffe erlaubt. Voraussetzung rechtmäßigen Handelns in solchen Fällen ist die gründliche Kenntnis des Notwehrrechtes. Nachfolgend sei Ihnen kurz das Notwehrrecht erläutert.

1. **Notwehr ist die Verteidigung, die erforderlich ist, um einen gegenwärtigen rechtswidrigen Angriff von sich oder einem anderen abzuwenden (§ 32 Abs. 2 StGB).**

   Eine durch Notwehr gebotene Handlung ist nicht widerrechtlich (§ 227 BGB). Die Rechtswidrigkeit wird jedoch nur durch wirkliche Notwehr ausgeschlossen. Bei vermeintlicher Notwehr (sog. Putativnotwehr) und bei Notwehrüberschreitung bleibt die Handlung rechtswidrig, lediglich die Schuld kann unter gewissen Umständen ausgeschlossen sein.

2. Voraussetzung der Notwehr ist ein gegenwärtiger rechtswidriger Angriff.

   Angreifer kann nur der Mensch sein. Es ist gleichgültig, welches Rechtsgut angegriffen wird. Notwehr ist zulässig zum Schutze des Lebens, des Körpers, der Gesundheit, der Freiheit, des Eigentums, der Ehre, des Hausrechts usw.

   Gegenwärtig ist der Angriff, wenn er unmittelbar bevorsteht oder im Gange, aber noch nicht beendet ist.

   Rechtswidrig ist der Angriff, wenn er nicht erlaubt ist. Auch wenn der Angegriffene den Angriff selbst verschuldet hat, darf er Notwehr üben, jedoch darf er den Angriff nicht provozieren, d. h. mit Absicht hervorrufen.

3. Die Notwehrhandlung ist die erforderliche Verteidigung gegen den Angreifer. Verteidigen darf der Angegriffene oder ein anderer, der dem Angegriffenen hilft (Nothilfe). Der Verteidigende muß einen Verteidigungswillen haben.

   Die Verteidigungshandlung muß *erforderlich* sein. Sie darf nur so weit gehen, als zur Abwehr des Angriffs erforderlich ist. Das Abwehrmittel muß in einem angemessenen Verhältnis zur Stärke des Angriffs stehen. Die zur Abwehr erforderlichen Maßnahmen richten sich nach Art und Stärke des Angriffs. Bei mehreren gleich wirksamen Abwehrmitteln ist das zu wählen, das den geringsten Schaden anrichtet.

Durch die Verteidigung darf größerer Schaden verursacht werden als der, der vom Angriff droht. Die Erforderlichkeit der Verteidigungshandlung richtet sich demnach nicht nach dem Wert des drohenden Schadens, jedoch darf der durch die Verteidigung zu erwartende Schaden nicht ganz außer Verhältnis zum Werte des angegriffenen Rechtsgutes stehen.

Die Verletzung Unbeteiligter bei der Verteidigungshandlung ist nicht gerechtfertigt, da vom Unbeteiligten kein Angriff ausgeht. Verletzt der in Notwehr Handelnde einen Unbeteiligten, so ist er bei schuldhaftem Verhalten strafrechtlich verantwortlich.

4. Die *Überschreitung der Notwehr* ist nur dann nicht strafbar, wenn der Täter in Bestürzung, Furcht oder Schrecken über die Grenzen der Verteidigung hinausgegangen ist (§ 33 StGB). Treffen diese Voraussetzungen zu, ist der Täter zwar nicht gerechtfertigt, aber er hat einen Entschuldigungsgrund.

5. Bei der *vermeintlichen Notwehr* (Putativnotwehr) nimmt der Täter irrtümlicherweise an, er handle in Notwehr, in Wirklichkeit liegen jedoch die Voraussetzungen für eine Notwehrhandlung nicht vor. Ist der Irrtum entschuldbar, kann der Täter nicht bestraft werden. War der Irrtum vermeidbar, so bleibt die Handlung pflichtwidrig, und der Täter ist strafbar; allerdings kann die Strafe gemildert werden.

Die „Survival"-Schießtechnik

Wer im Notfall überleben will, muß die „Survival"-Schießtechnik (Survival = Überleben) beherrschen. Polizeiwissenschaftliche Untersuchungen in den USA haben ergeben, daß die Schießausbildung von unrealistischen Voraussetzungen ausging und die Beamten deshalb auf eine ernsthafte Konfrontation mit bewaffneten Verbrechern völlig unzureichend vorbereitet waren. Man kann getrost behaupten, daß eine derart unqualifizierte Schießausbildung nicht nur für die Beamten selbst, sondern auch für zufällig anwesende Unbeteiligte lebensgefährlich sein kann.

In den USA wurden in der Dekade zwischen 1969 und 1979 über 1100 Polizisten ermordet. In mehr als 50 000 Konfrontationen wurden über 19 000 Polizisten schwer verletzt, zum Teil sind sie für immer dienstunfähig.

Von den getöteten Polizisten sind 95% erschossen und 5% durch Hieb- oder Stichwaffen getötet worden. Daß viele von ihnen als hervorragende Sportschützen bekannt waren, ist eine erstaunliche wie beunruhigende Tatsache.

Nur 27% der Erschossenen waren überhaupt imstande gewesen, zurückzuschießen. Nur 15% konnten ihren Gegner verwunden oder töten. Über 60% überraschte die Gefahr völlig unvorbereitet. Sie konnten ihre Waffen nicht einmal ziehen und hatten keine Chance zur Gegenwehr, während die Täter, die ja meist im Schießen nicht ausgebildet sind, „instinktiv" feuerten und dabei ziemlich erfolgreich waren. Polizistenmörder erklärten in Interviews, sie hätten einfach ihre Waffe in Richtung des Polizisten gehalten und geschossen. So waren sie natürlich viel schneller als die Beamten, die erst trainingsgerecht Kimme und Korn abstimmten.

Diese traurige Bilanz legte den Schluß nahe, daß für die Schießausbildung eine neue Konzeption erarbeitet werden muß, die der rauhen Wirklichkeit Rechnung trägt. Die Auswertung der geschilderten Fälle ergab, daß die meisten der Polizisten hätten überleben können, wenn sie:

1. die Dynamik und den Ablauf eines Schußwechsels zwischen Angreifer und Bedrohtem erkannt hätten;
2. die Gefahr, in der sie sich befanden, besser erkannt hätten;
3. den Ablauf und die persönlichen Reaktionen in einer Konfrontation öfter durchgespielt hätten;
4. die Überlebenstaktiken beherrscht oder doch zumindest einmal kennengelernt hätten;
5. das schnelle instinktive Schießen aus allen Lagen und Stellungen beherrscht hätten;
6. das schnelle Abtauchen aus der Schußlinie beherrscht hätten;
7. den psychologischen Streß beim Schießen auf einen Menschen erkannt hätten.

Das wichtigste Ergebnis der Untersuchung ist die Erkenntnis, daß der Polizist sich von langer Hand darauf vorbereiten muß, wie er sich aus einer plötzlich auftretenden bedrohlichen Situation retten kann. So lehrt die neue Schießausbildung vor allem das instinktive, schnelle Schießen auf den sich bewegenden Gegner auch bei sehr schlechten Lichtverhältnissen und unter jedesmal veränderten Bedingungen. Das Schwergewicht liegt auf Nahdistanz-Schießen, d. h. unter 10 m. Die wichtigste Survival-Schießhaltung ist der sog. „Police-Crouch", bei dem die Waffe mit beiden Händen festgehalten wird. Trainiert wird eine Verhaltensweise, bei der gleichsam der ganze Körper zielt und auf Treffsicherheit eingestellt ist. Es bedarf nur eines normalen Ausbildungsaufwandes, um die Survival-Schießtechnik zu erlernen. Zweimaliges Schießen — mit je 300 Schuß — pro Jahr reicht aus, dazu kommt allerdings das Training, das man zunächst „trocken" ausführen sollte (da auf den Schießständen der Vereine die Art des Survival-Schießens nicht erlaubt ist).

Die Schießausbildung der Polizei nach den Regeln der PDV 211 ist eine vereinfachte FBI-Schießausbildung. Sie dient lediglich als statische Grundausbildung an der Waffe. Es wird nicht auf bewegte Ziele geschossen, sondern auf eine schwarze Zielscheibe, auf der fast jeder Treffer sichtbar ist. Man schießt nur in eine Richtung, und zwar auf Kommando.

Körperliche Belastung, z. B. durch Anlaufen aus 100 oder 200 Metern, wird nur selten erzeugt. Es werden stets 5- oder 6-Schuß-Serien geschossen, obwohl das Magazin der Dienstpistolen 8 Patronen faßt. Man muß in exakt vorgeschriebenen Stellungen auf starre Entfernungen unter immer wiederkehrenden Umgebungsbedingungen schießen, die mit einem Ernstfall überhaupt nichts zu tun haben, im Gegenteil, einem mit Sicherheit niemals im Leben begegnen werden. Instinktives Schießen bleibt auf 2 mal 5 Hüftschüsse beschränkt.

Man stelle sich diese Methode bei Fahrschulen vor: Da wird in einer schlauchartigen Halle Vorwärts- und Rückwärtsfahren geübt, immer wieder, bis dieses (wirklich bescheidene) Pensum erfüllt ist. Dann darf man — im selben Hallenschlauch — auch noch zweimal schnell eine Kurve fahren. Und nun soll man im Straßenverkehr, bei Tag und Nacht, Regen und Sonnenschein, in winkligen Gassen wie auf Autobahnen, in Lärm und Ruhe sicher ein Fahrzeug lenken. Jeder solcherart ausgebildete Pkw-Fahrer würde unentwegt Kopf und Kragen riskieren; nicht nur den eigenen.

Wettkampf-Ausbildungen haben ebenfalls ganz und gar nichts mit akuten Ernstfällen zu tun. Bei einer praktischen Survival-Schießausbildung spielen wettkampfsportliche Top-fit-Form und hochgezüchtetes Gerät, auch Höchst- und Bestleistungen keine Rolle. Im Gegenteil: Jeder Alltagsmensch soll mit seiner Alltagswaffe in seinen Alltagseigenschaften und -fähigkeiten so ausgebildet werden, daß er lernt, damit sein Leben oder das seines Schutzbefohlenen erfolgreich zu verteidigen.

Die Schießausbildung des Privatdetektivs

Bei Begleitschutz-Aufträgen kommt es wesentlich darauf an, daß der Privatdetektiv sich und seinen Schützling erfolgreich verteidigen kann. Dazu ist der geübte Umgang mit der Waffe unerläßlich. Im folgenden ist ein Schießprogramm zusammengestellt, das den Anforderungen genügt, die an einen Privatdetektiv und Personenschützer gestellt werden.

Das Kaliber Ihrer Waffe sollte, wie erwähnt, 6,35 mm nicht unterschreiten. Allerdings müssen Sie selbst entscheiden, mit welcher Waffe und Kalibergröße Sie Ihr Leben verteidigen wollen. Ob man sich für Pistole oder Revolver entscheidet, darüber gehen die Meinungen auseinander. Allgemein wird der Revolver der Pistole vorgezogen; er soll zuverlässiger und treffsicherer sein. Ein erfahrener Revolverschütze würde sein Leben niemals einer automatischen Selbstladepistole anvertrauen. Zu Ihrer Ausrüstung für den Schießstand sollte ein Gürtelholster gehören, das auf der Schießhandseite getragen wird.

Die folgenden Übungen gelten in der Regel für Revolerschützen, können aber auch z. T., unter Berücksichtigung der Nachladezeit, von Pistolenschützen angewendet werden

1. liegend beidhändig
2. kniend, ein- und beidhändig
3. kniend hinter einer Holzwand, beidhändig
4. sitzend, beidhändig
5. stehend, einhändig
6. stehend über eine Holzwand, beidhändig
7. stehend hinter einer Holzwand hervor, beidhändig
8. halbgeduckt und beidhändig
9. Hüftschuß, einhändig.

Außer beim Hüftschuß befindet sich die Waffe in allen Positionen in Augenhöhe, d. h. in der Schulterlinie. Immer ist es wichtig, daß Sie auch mit Ihrer schwachen Hand schießen, d. h. der Rechtshänder auch mit der linken und der Linkshänder auch mit der rechten Hand. Die Distanz der jeweiligen Übungen sollte einmal aus 25 m und einmal aus 10 m erfolgen. Der Hüftschuß wird nur aus einer Entfernung von 10 m und 5 m geschossen und soll jeweils auf zwei Scheiben erfolgen (beim Abstand von 10 m).

Es werden geschossen:

6 Schuß — je 1 Schuß mit zwei Sekunden Pause
4 Schuß — je 1 Schuß mit zwei Sekunden Pause
6 Schuß — je 2 Schuß mit zwei Sekunden Pause
4 Schuß — 2 × 5 Schuß in jeweils 10 Sekunden

Die Schüsse erfolgen wechselweise einmal auf die linke und einmal auf die rechte Scheibe.

Als Scheiben können wahlweise Ringscheiben oder Silhouetten benutzt werden, da nur die Treffer gezählt werden, nicht aber die Ringzahl. Das höchste erreichbare Ergebnis sind 30 Treffer. Die Nachladezeit sollte 25 Sekunden (bei Revolvern) nicht überschreiten.

Das Schießen aus den vorgenannten verschiedenen Positionen (ausgenommen Hüftschuß) wird folgendermaßen durchgeführt:

1.	5 Schuß liegend	(je 25 m Entfernung)
2.	5 Schuß sitzend	
3.	5 Schuß stehend hinter Wand, linke Hand	
4.	5 Schuß stehend hinter Wand, rechte Hand	
5.	5 Schuß kniend	gesamt: 25 Schuß
6.	5 Schuß stehend hinter Wand, rechte Hand	(je 10 m Entfernung)
7.	5 Schuß stehend hinter Wand, linke Hand	
8.	6 Schuß kniend hinter Wand, rechte Hand	
9.	6 Schuß stehend über Wand, rechte Hand	
10.	6 Schuß kniend hinter Wand, linke Hand	gesamt: 28 Schuß

Die Schüsse aus der 25-m- bzw. 10-m-Entfernung sollen in je höchstens 4 Minuten auf eine Mann-Scheibe (Bobber-Target) abgegeben werden.

Erfahrungsgemäß ist die Schießleistung nach einer körperlichen Anstrengung, etwa einem raschen Lauf, wesentlich schlechter als in ausgeruhtem Zustand. Wer also nicht gerade über eine ausgezeichnete Kondition verfügt, wird nur etwa 80% seiner normalen Schießleistung erzielen. Daher laufen Sie mit der geladenen Waffe im Holster 200 m in schnellem Tempo, halten Sie in etwa 25 m Distanz zur Scheibe an und geben Sie 5 Schuß in halbgeduckter Position (Waffe in Augenhöhe und in der Schulterlinie) auf ein Bobber-Target ab; laden Sie sofort nach und feuern Sie 5 weitere Schuß kniend ab. Bemühen Sie sich, so schnell wie möglich zu schießen und die 10 Schuß in Intervallen von höchstens 5 Sekunden abzugeben.

Schußsichere Westen

Die Anschaffung eines geschoßabweisenden Kleidungsstückes ist unbedingt empfehlenswert. Die schußsichere Weste bietet maximalen persönlichen Schutz bei optimaler Bewegungsfreiheit durch außergewöhnliche Flexibilität und minimales Gewicht (ca. 1,8 kg). Die Entwicklung neuer Glasfiber- und Kunststoffarten hat es möglich gemacht, diese Schutzkleidung als unauffällige modische Ober- wie auch als rein zweckgebundene Unterbekleidung herzustellen. Auch Nässe oder extreme Temperaturen beeinträchtigen nicht die Schutzfunktion. Gute Westen entsprechen den Militärnormen und haben sich in entsprechenden Einsätzen bewährt. Die Preise richten sich nach der Qualität des Schutzes, die sich aus dem Widerstand gegen die entsprechenden Kaliber ergibt (von 221r bis Kaliber 357 Magnum).

Die körperliche Fitness des Privatdetektivs

Es ist für den Privatdetektiv nur von Vorteil, wenn er in guter körperlicher Verfassung ist. Um diese zu erreichen und zu erhalten, sollte man schon einige Zeit aufwenden. Beim Training kommt es nicht darauf an, einmalige Höchstleistungen zu vollbringen; vielmehr soll eine gleichmäßige Belastung von Herz, Kreislauf und Muskulatur die Ausdauer fördern.

Am besten ist dazu der Dauerlauf geeignet. Auch hier ist die Beständigkeit wichtiger als die Schnelligkeit. Wenn Sie die Möglichkeit haben, ziehen Sie den Waldweg der Aschenbahn vor. Informieren Sie sich über die richtige Lauf- und Atemtechnik! Schwimmen wäre übrigens eine hervorragende Ergänzung.

Kampfsportarten bieten sich für den Privatdetektiv geradezu an. Judo, Karate und dergl. fördern nicht nur die körperliche Fitness, sondern eignen sich ausgezeichnet zum Trainieren von körperlicher und geistiger Reaktionsschnelligkeit. Die Beherrschung einer Kampfsportart gibt dem Privatdetektiv die Möglichkeit, sich in bestimmten Situationen auch ohne Waffe wirkungsvoll zu verteidigen.

KAPITEL 10

Der Werkschutz in der Wirtschaft
Betriebsinterne Vorbeugung und Bekämpfung

Geschichtliche Grundlagen

Der Werkschutz ist im wesentlichen aus drei historischen Wurzeln entstanden: dem Bewachungsgewerbe, den Detektivbüros und den „Fabrikdiebstahlsvereinen". Diese Organisationen hatten ein wichtiges Kennzeichen gemeinsam: Sie waren rein privater Natur, die weder staatliche Hoheitsbefugnisse hatten noch in solche eingreifen durften. Beim Bewachungs- und Detektivgewerbe handelte es sich um Zusammenschlüsse außerhalb der Betriebe. Das Bewachungsgewerbe entwickelte sich zu Ende des vorigen Jahrhunderts in den USA, als die Anhäufung hochwertiger Güter auf engem Raum ein stärkeres Sicherheitsbedürfnis der Bevölkerung und der Wirtschaft erzeugte. Um die Jahrhundertwende entstand auch in Deutschland, und zwar in Hannover, das erste „Wach- und Schließinstitut". Ihm folgten bald weitere Gründungen, die sich später eine feste Organisationsform gaben. Sie übernahmen Nachtwächter- und Brandverhütungsdienste für bestimmte Auftraggeber, insbesondere auch für Industriebetriebe. Aus Gründen der Rationalisierung und Kostenersparnis war die Industrie in der Folgezeit daran interessiert, einen solchen Wachdienst stärker an den Einzelbetrieb zu binden, ihn endlich in eigener Regie auszubauen und zu entwickeln.

In ähnlicher Weise wuchs auch das Bedürfnis nach eigener Aufklärungs- und Ermittlungstätigkeit hinsichtlich strafbarer Handlungen im Einzelbetrieb. Hier hatte man sich, ebenfalls seit der Jahrhundertwende, zunächst der gewerblichen Detektivgesellschaften bedient, bis die fortschreitende Komplizierung des Wirtschaftslebens und der Wirtschaftsdelikte, aber auch die speziellen Bedürfnisse der einzelnen Industriezweige es richtig erscheinen ließen, einen eigenen Ermittlungsdienst aufzubauen.

Der kriminalistische Auftrag des Werkschutzes umfaßt die Verhütung und Aufklärung von Straftaten im Betrieb. Der handfeste Diebstahl beherrscht mit etwa 90% der Fälle das äußere Bild der Betriebskriminalität. Aber diese Zahl täuscht, denn weitaus größerer Schaden wird durch Spionage und, mit Abstand, auch Sabotage angerichtet.

Nicht selten werden Privatdetektive von der Betriebsleitung eines Unternehmens zur Mithilfe bei der Aufklärungsarbeit eingesetzt. Aus diesem Grunde ist es wichtig, daß Sie sich ein Bild von der Arbeit des Werkschutzes machen. Außerdem haben Sie als Privatdetektiv die Möglichkeit, Ihr

Geschäft nach erneuter Anmeldung beim Gewerbeamt zum Bewachungsunternehmen zu erweitern. Dadurch sind Sie in der Lage, selbst einen Werkschutz aufzubauen, auszubilden und diesen an einen Betrieb zu vermieten, wie es teilweise schon bei großen Bewachungsunternehmen der Fall ist.

Aufgaben des Werkschutzes

Der Werkschutz hat folgende Aufgaben: Schutz der Betriebseinrichtungen und Betriebsgebäude vor Beschädigung und Zerstörung (einschließlich Sabotage) sowie des Betriebsvermögens und der Erzeugnisse vor Diebstahl und anderen Eigentumsdelikten; Schutz der Geschäfts- und Betriebsgeheimnisse vor Ausspähung und Verrat; Schutz der persönlichen Sicherheit, der Menschenwürde, des sittlichen Empfindens und des Eigentums der Arbeitnehmer im Betrieb; Hilfe bei der Sicherung des Arbeitsfriedens; Einstellungskontrolle der Arbeitsplatzbewerber (Prüfung der Führungszeugnisse sowie Arbeits- und Leumundszeugnisse); Überwachung der betrieblichen Ordnungs-, Verkehrs- und Sicherheitsvorschriften im Werksgelände. Zur Kriminalprävention (Vorbeugung) unterhält der Werkschutz vielfach einen eigenen Ermittlungsdienst.

Der Ermittlungsdienst

Dieser Ermittlungsdienst gibt oftmals zu Mißverständnissen in der Werkschutzarbeit Anlaß. Darum muß betont werden, daß nicht, was unzulässig wäre, eine Funktion der Kriminalpolizei ausgeübt wird, sondern ein privates Recht der sozialverpflichteten Betriebsführung wahrgenommen wird. Jeder Privatmann, der Gegenstände seines Eigentums vermißt, darf auf eigene Faust Nachforschungen über den Verbleib der Sache anstellen. Er darf auch andere Personen befragen, sich private Auskünfte beschaffen und sich im allgemeinen der freiwilligen Mithilfe Dritter bedienen. Auch darf er sich, um drohenden Schäden vorzubeugen, sehr wohl für die Vergangenheit derjenigen Personen interessieren, die er in seinen engeren Arbeits- und Lebensbereich aufnehmen will und denen er später Vertrauen schenken soll. Nichts anderes tut der Ermittlungsdienst.

Sicher werden Sie anhand des vorstehenden Absatzes bemerkt haben, daß die Arbeit des Ermittlungsdienstes mit der des Privatdetektivs im wesentlichen identisch ist, der Werkschutz-Ermittlungsdienst nimmt lediglich Interessen für den Betrieb wahr.

Dies soll aber nicht heißen, daß der Werkschutz nur auf dem Betriebsgelände tätig werden darf, auch wenn bisweilen diese Ansicht vertreten wird. Seine Arbeit findet nicht in jedem Fall ihr rechtliches Ende am Werktor. Befindet sich Werkeigentum außerhalb des Betriebes, so darf der Werkschutz es aufsuchen und wegschaffen (§§ 867, 1005 BGB). Er kann auch die im Werk begonnene Verfolgung des flüchtigen Täters außerhalb des Werkes fortsetzen und ebenso die Ermittlungen über Betriebsdelikte nach Art der privaten Detektei außerhalb des Betriebes führen. Ebenso kann er Transporte von Geld oder geheimschutzbedürftigem Material begleiten und Werkssiedlungen oder Einzelwohnungen von Betriebsangehörigen durch Posten und Streifen sichern. Bei all dem wird sich der Werkschutz in seinem eigenen Interesse besonders erfahrener und erprobter Kräfte bedienen, um jeden Anschein einer Amtsanmaßung (§ 132 StGB) oder quasi-behördlichen Tätigkeit von vornherein zu vermeiden.

Personallage

Zur personellen Situation ist anzumerken, daß sich ein großer Teil der Werkschutzkräfte aus bewährten Angehörigen des Betriebes rekrutiert, die nach theoretischer Ausbildung und praktischer Erfahrung vom Pförtnerdienst in den Wach- und Kontrolldienst, später nach Eignung in den Ermittlungsdienst aufsteigen können. Für qualifizierte Aufgaben werden auch ehemalige Bedienstete der Polizei und des Bundesgrenzschutzes sowie entlassene Zeitsoldaten der Bundeswehr gern angeworben. Schließlich kommen auch aus freien Berufen Nachwuchskräfte in Betracht.

Dienstzweige

Es gibt heute in der westdeutschen Wirtschaft über 60 000 Werkschutzkräfte. In größeren Werken ist wohl mehr als ein Prozent der Belegschaft mit betrieblichen Ordnungs- und Sicherheitsaufgaben befaßt. Nur der Klein- und Mittelbetrieb kann heute noch mit Pförtnern und Wächtern auskommen und, je nach Art der Produktion, nicht einmal er. Vor allem im Großbetrieb reichen die Aufgaben über reine Aufsichts- und Ordnungsdienste hinaus in das Gebiet der allgemeinen Personalbetreuung und Wirtschaftssicherung durch sozialpolitische, kriminalistische, präventive und pädagogische Maßnahmen. Daher verfügen die meisten Unternehmen der Großindustrie auch über einen eigenen Ermittlungsdienst zur Verhütung und Aufklärung von Straftaten im Betrieb. Diesem Dienstzweig obliegen die Einstellungskontrolle, die Bearbeitung der Jugendkriminalität und der typischen Wirtschaftsdelikte sowie allgemeine kriminalistische Aufgaben.

Vernehmungen

Bei der Aufklärungsarbeit im Betrieb handelt es sich meist um die Vernehmung von Betriebsangehörigen — als Tatverdächtige, Zeugen oder Sachverständige — und die Auswertungen ihrer Bekundungen. Dies sind rein private Anhörungen und Befragungen, denen allerdings ein qualifiziertes

Gewicht zukommt, weil die Betriebsangehörigen gemäß ihrer arbeitsrechtlichen Treuepflicht gehalten sind, den Arbeitgeber bei der Aufklärung betriebsschädigender Handlungen zu unterstützen. Sie müssen seine Interessen nicht nur bei der Arbeit wahrnehmen, sondern sind auch verpflichtet, ihm gefahrdrohende Umstände, eingetretene Schäden und begründete Verdachtsmomente zu melden. Die Arbeitsordnungen der Betriebe enthalten fast immer einen ausdrücklichen Hinweis auf diese Pflichten.

Keine Zwangsmittel

Damit wird dem Werkschutz-Ermittlungsdienst die Arbeit zwar erleichtert; aber es werden für ihn, abgesehen von den selbstverständlichen Jedermannsrechten der Strafprozeßordnung, keinerlei Zwangsmittel legalisiert. Die auch nur vorübergehende Festhaltung des Befragten gegen seinen Willen wäre Freiheitsberaubung nach § 239 StGB; die Erzwingung der Aussage eines Tatverdächtigen etwa mit der Drohung einer Entlassung wäre Nötigung nach § 240 StGB. Denn bloßer Tatverdacht ist kein gesetzlicher Kündigungsgrund, und auch die Treuepflicht des Arbeitnehmers geht nicht so weit, daß er sich selbst bezichtigen oder belasten müßte.

Anzeigepflichten

Wohl das „heißeste Eisen“ der Werkschutzarbeit ist folgendes Problem: Was kann, darf und muß weiter geschehen, wenn der Werkschutz eine strafbare Handlung aufgeklärt und den Täter ermittelt hat? Auch hier sprechen die Gesetze eine deutliche Sprache.

Da der Werkschutz weder Polizeistatus besitzt noch Hilfsorgan der Staatsanwaltschaft ist, unterliegt er auch nicht dem Verfolgunszwang dieser Behörden. Nur bei bestimmten Kapitalverbrechen, die sich aus § 138 StGB ergeben, ist er zur Anzeige bei Polizei oder Staatsanwaltschaft verpflichtet. Dies sind Hoch-, Landes- und Verfassungsverrat, Mord, Totschlag, Münzverbrechen, Raub, räuberische Erpressung, Menschenraub, Verschleppung, erpresserische Kindesentführung, Mädchenhandel, Bildung terroristischer Vereinigungen und gemeingefährliche Verbrechen. In solchen Fällen hat sich der Werkschutz zu beschränken auf die Sicherung des Tat- oder Unfallorts, die Unterstützung der Polizeibehörden und gegebenenfalls die Feststellung oder vorläufige Festnahme des Täters. Die Kenntnis des Werkschutzes von einer solchen Straftat muß zu einer Zeit vorhanden sein, zu der die Ausführung oder der Erfolg der Tat noch abgewendet werden kann; sonst ist die Unterlassung der Anzeige jedenfalls nicht stafbar.

In allen anderen Fällen, in denen der Werkschutz ein Betriebsdelikt aufdeckt, ist er — gemäß den für ihn geltenden Gesetzen — nicht rechtlich gebunden, Anzeigen zu erstatten. Es besteht keine allgemeine Bürgerpflicht, jede Straftat zu melden. Insbesondere braucht ein Arbeitgeber Straftaten seiner Arbeitnehmer nur anzuzeigen, wenn ihm dies nach pflichtgemäßem Ermessen erforderlich erscheint.

Private Rechtsnatur

Dieser Zustand ist wiederum die Folge der privaten Rechtsnatur des Werkschutzes, der allerdings von strafbaren Handlungen weit mehr erfährt als der einzelne Privatmann. Im allgemeinen hält sich der Werkschutz an die Regel, daß er die Kriminalpolizei immer dann einschaltet, wenn das Gewicht der Tat, die Gefährlichkeit des Täters oder das öffentliche Interesse eine gerichtliche Ahndung erfordern — was bei den hier interessierenden Delikten der Spionage und Sabotage, auch soweit sie nicht anzeigepflichtig sind, meist der Fall sein sollte.

Die Abwehr

Wenden wir uns nun der Betriebsspionage und -sabotage zu, deren Abwehr die Hohe Schule des Werkschutzes darstellt und den Einsatz seiner Spitzenkräfte herausfordert.

Was hier mitgeteilt wird, sind Methoden der Werkschutzabteilungen bestimmter größerer Betriebe. Es ist zu wünschen, daß diese Vorbilder bald allgemein akzeptiert und durch einige gesetzliche Reformen in ihrer Wirksamkeit verbessert werden.

Zu unterscheiden sind der personelle Geheimschutz, der materielle Geheimschutz und der gegen Sabotage gerichtete Objektschutz.

KAPITEL 11

Die Abwehr von Spionage und Sabotage

Personeller Geheimschutz

Die Einstellungskontrolle des Werkschutzes steht am Anfang des personellen Geheimschutzes. Sie ist das Gegenstück zur medizinischen und arbeitspsychologischen Untersuchung — auch von ihrem Ergebnis sollte eine Beschäftigungszusage abhängig gemacht werden. Sie dient der Vorbeugung; diese Kontrolle beginnt ja, bevor ein zukünftiger Arbeitnehmer überhaupt das Werk betritt und einen Arbeitsplatz bezieht. Ob die Weichen jetzt richtig oder falsch gestellt werden, davon hängt die wirtschaftliche und soziale Entwicklung des Betriebes weitgehend ab. Wiederum überschneiden sich Eigentumsschutz und Fürsorgepflicht. Zudem werden auch erhebliche öffentliche Interessen berührt.

Mit der Einstellungskontrolle wird versucht, die Vergangenheit der Arbeitsplatzbewerber unter bestimmten Gesichtspunkten zu erkunden und so Rückschlüsse auf ihr künftiges Verhalten in der Betriebsgemeinschaft zu ziehen. Unzuverlässigen Bewerbern soll von vornherein der Eintritt verwehrt bleiben, während einwandfreie Bewerber nach Neigung und Eignung alsbald den für sie richtigen Arbeitsplatz erhalten oder auf ihn vorbereitet werden sollen. So hat die Kontrolle ein doppeltes Ziel. Wenn der Bewerber in den Bereichen „Forschung und Entwicklung" oder bei geheimhaltungsbedürftiger Produktion eingesetzt werden soll, kommt ihr besonderes Gewicht zu.

Informationsmittel

Der Werkschutz ist hier angewiesen auf den selbstverfaßten Lebenslauf des Bewerbers, auf seine mündliche Befragung, polizeiliche Führungszeugnisse, Beschäftigungszeugnisse früherer Arbeitgeber und etwaige Leumundsatteste von Privatpersonen. Strafregisterauszüge sind dem Werkschutz nicht zugänglich. Wo überhaupt von Behörden Auskunft an „Private" über die persönliche Vergangenheit anderer erteilt wird, da liegt es am Rande der Legalität — oder wohl schon außerhalb derselben.

Betriebliche Zusammenarbeit

Immerhin kann der Werkschutz bei seiner Hintergrund-Erforschung, soweit die Bewerber aus der Bundesrepublik Deutschland oder dem westlichen Ausland stammen, einigermaßen zurechtkommen. Eine gewisse

Zusammenarbeit der Betriebe in dem gemeinsamen Bestreben, potentielle Geheimnisverräter zu erkennen und auszuschalten, scheint zu funktionieren. Das gilt jedenfalls für die rein kommerzielle Wettbewerbs-Spionage. Probleme ergeben sich bei Bewerbern aus den Ostblockstaaten einschließlich der DDR, auch wenn sie als Flüchtline oder Aussiedler ein Durchgangslager im Notaufnahmeverfahren passiert haben. Die Möglichkeit politischer Einschleusung mit Spionage- oder Sabotageauftrag ist hier nicht leicht auszuschließen.

Prüfungspraxis

Um hier wenigstens eine Zahl zu nennen: Unter jährlich 8000 Prüfungsfällen, die dem Werkschutz eines großen rheinischen Industriekonzerns zur Einstellungskontrolle vorliegen, werden etwa 5–6% der Bewerbungen aus Sicherheitsgründen abgelehnt, sei es, weil die kriminelle Vergangenheit ermittelt wird, weil das Geheimschutzrisiko alsbald offen zutage tritt oder weil die Legende eines Bewerbers nicht hinreichend nachgeprüft werden kann.

Das Sicherheitsbewußtsein

Der wichtigste Faktor des personellen Geheimschutzes nach der Einstellungskontrolle ist das Sicherheitsbewußtsein der Belegschaft. Dieses muß geweckt und aufrechterhalten werden. Leicht ist das nicht, denn ein rationeller Betriebsablauf steht oft in direktem Widerspruch zum Sicherheitsbedürfnis mit all seinen Umständlichkeiten und Verzögerungsfaktoren; beides muß in ein ausgewogenes Verhältnis gebracht werden. Jeder Werksangehörige, insbesondere aber die mittlere Führungsschicht vom Meister bis zum Abteilungsleiter, muß ermahnt werden, Augen und Ohren offenzuhalten, Auffälligkeiten anzuzeigen und mögliche Spione dem Werkschutz zu melden. Die Arbeitsordnungen vieler Betriebe verpflichten jeden Werksangehörigen, über Geschäfts- und Betriebsgeheimnisse Stillschweigen gegenüber Unbefugten, auch unzuständigen Arbeitskollegen, zu wahren.

Die Geheimnisträger

Die eigentlichen Geheimnisträger eines Betriebes sind in besonderer Weise zu verpflichten und in regelmäßigen Abständen zu belehren. In Betrieben mit geheimhaltungsbedürftigen Staatsaufträgen wird dies einigermaßen garantiert durch die Funktion des „Sicherheitsbeauftragten“ und besondere Auflagen gemäß den „Geheimschutzmitteilungen“ des Bundeswirtschaftsministeriums. Es gibt für derartige Betriebe behördliche VS-Merkblätter und die sogenannten „SiBe-Richtlinien“, die auch bestimmte Meldepflichten in Verratsfällen enthalten.

Kenntnisbeschränkung

Betriebe, für die solche Staatskontrollen nicht zutreffen, sollten bei Auswahl ihrer Geheinmnisträger nach dem Grundsatz verfahren: Kenntis nur, soweit nötig. Der Kreis der Personen, die mit vertraulichen oder geheimen Angelegenheiten befaßt sind, muß möglichst klein gehalten werden.

Das bedeutet dreierlei:

Erstens sollten die Angelegenheiten, die durch besondere Sicherungsmaßnahmen gegen die Kenntnis durch Unbefugte geschützt werden müssen, durch formelle *Sekretur* (entsprechend den staatlichen VS-Anweisungen) bezeichnet und stufenmäßig klassifiziert werden. Wer Vertrauliches bearbeitet, darf nicht ohne weiteres Zugang zu höheren Geheimhaltungsstufen haben.

Zweitens sind sogenannte „Prestige-Ermächtigungen" zu vermeiden. Ein leitender Angestellter, der nicht mit Geheimschutzsachen befaßt ist, braucht keine Geheim-Ermächtigung als Statussymbol, nur um die Bedeutung seiner Position zu unterstreichen.

Drittens muß der personelle Geheimschutz angelegt sein wie das Schottensystem bei Schiffen: Wenn ein Schott leckgeschlagen ist, wird es geschlossen und das Eindringen von Wasser in die nächste Kammer verhindert. So ist auch der Verrat eines Geheimträgers weniger schädlich, wenn er vom ganzen „Mosaik" nur den kleinen Ausschnitt kennt, der für seine spezielle Arbeit unerläßlich ist.

Leider ist das Risikobewußtsein oft gerade dort am geringsten ausgeprägt, wo es am stärksten vorhanden sein müßte — bei den Wissenschaftlern der Forschung und Entwicklung. Diese hochqualifizierten Fachleute sind bisweilen derart in ihre Probleme eingesponnen, also „betriebsblind", daß sie jedes Risiko mißachten und die primitivsten Geheimschutzregeln vernachlässigen. Sie arbeiten intensiv, oft weit über den allgemeinen Arbeitsschluß hinaus an ihren Konstruktionen, Formeln, Mixturen und Rezepturen. Dann verlassen sie gedankenverloren ihre Schreibtische und Laborküchen, ohne für Verschluß und sichere Aufbewahrung des Materials zu sorgen.

Umfassende Beobachtung

Aufmerksamkeit verdienen aber nicht nur die bezeichneten Geheimnisträger, sondern — jedenfalls in sicherheitsempfindlichen Betriebsbereichen — auch die übrigen Arbeitnehmer und die Angehörigen von Fremdfirmen. Die Torkontrolle beim Pförtner, mit Stichproben durch Öffnenlassen mitgebrachter Behältnisse, wird in den meisten Betrieben ernstgenommen. Die Möglichkeit der Leibesvisitation ist in vielen Betriebsvereinbarungen und Arbeitsordnungen rechtsgültig geworden. Es muß aber auch darauf geachtet werden, daß angemeldete Besuchergruppen und fremde Einzelpersonen sich nicht unbegleitet auf dem Werksgelände aufhalten.

Alarmzeichen

Besonderes Interesse im Sinne des personellen Geheimschutzes erwecken folgende Auffälligkeiten bei Betriebsangehörigen:

Erstens häufige Anträge auf unbezahlten Urlaub; diese Freizeiten können für Kontakt- oder Transportreisen zu geheimdienstlichen Auftraggebern im In- und Ausland benutzt werden.

Zweitens besonderer Eifer bei der Ableistung von Überstunden und wiederholter Verbleib am Arbeitsplatz nach Dienstschluß. In dieser unbewachten Zeit könnte fotografiert, fotokopiert oder Geheimmaterial gesichtet werden.

Drittens Kündigung ohne ersichtlichen Grund nach oft langjähriger Beschäftigung, dann könnte ein Spion erfolgreich seine Ernte eingebracht haben.

Unter den planmäßig eingeschleusten Agenten werden nur die schlechten bis mittelmäßigen schon bei der Einstellungskontrolle oder bei späterer Beobachtung entlarvt. Die Qualität eines Spions zeigt sich gerade darin, daß er nicht auffällt, der Fall Guillaume hat es gelehrt. So muß der Werkschutz dem Zufall nachhelfen, indem er die Arbeitsweise des Gegners kennt, ihr vorbeugt und stets mit ihr rechnet. Erfolgreiche Abwehr hängt davon ab, wie Erfahrungen und Erkenntnisse als Geheimnis gehütet werden.

Auch Spione brauchen Erfolgserlebnisse und müssen beschäftigt bleiben. Haben sie kein Glück, so verlieren sie die Lust am Handwerk, wenden sich stillschweigend ab oder werden vom Auftraggeber zurückgezogen. Gar nicht selten kommt es vor, daß sie sich am Ende selbst offenbaren. Man muß sie „aushungern". Das ist keine Sensation, sondern eine Routinearbeit, die Sorgfalt und viel Geduld verlangt. Geheimschutz ist unproduktiv und bringt doch Nutzen.

Problematische Strafbarkeit

Wird ein Spion auf frischer Tat betroffen oder enttarnt, so kann er der Strafverfolgung zugeführt werden, soweit die Gesetze es gestatten. Bisweilen gestatten sie es nicht.

Nachstehend sei ein Beispiel angeführt, das die Unzulänglichkeit des Gesetzes gegen den unlauteren Wettbewerb (UWG) deutlich macht. Ein Angestellter hatte jahrelang geheime Schriftstücke kopiert und das Material in seiner Wohnung verwahrt, um es, wie er zugab, bei Gelegenheit einem ausländischen Nachrichtendienst gegen möglichst hohe Vergütung anzubieten. Ein Kontakt zu einem Nachrichtendienst oder eine tatsächliche Übergabe des Materials konnte nicht festgestellt werden. Da § 17 UWG nicht schon die Ausspähung als solche, sondern erst die Weitergabe oder Verwertung der erkundeten Geheimnisse mit Strafe bedroht, so war dem Mann nach dieser Vorschrift nichts anzuhaben, was er selbst auch sehr genau wußte.

Materieller Geheimschutz

Der materielle Geheimschutz konzentriert sich schwerpunktmäßig auf die Sicherheit von Schrift- und Bildgut sowie auf den Abhörschutz des gesprochenen Wortes.

Bei der Sicherheit von Schrift- und Bildgut hat der Werkschutz darauf hinzuwirken, daß vertrauliches und geheimes Material an sicheren Orten oder in sicheren Behältnissen verwahrt wird. Das gilt insbesondere für Kalkulationen, Produktanalysen, Konferenzprotokolle, Rechnungen, Forschungspläne, Entwicklungs- und Patentbeschreibungen. Der beste Panzerschrank nützt freilich nichts, wenn sein Schlüssel im Zettelkasten auf dem Schreibtisch liegt. Es ist sinnlos, Originale einzuschließen, wenn Kopien in offenen Handakten verbleiben. Selbst in Betrieben, wo der Werkschutz im allgemeinen gut funktioniert, werden in dieser Hinsicht immer wieder katastrophale Mängel festgestellt, die auf zu geringes Risikobewußtsein der Mitarbeiter schließen lassen.

Stichproben

Um dieses Bewußtsein zu erhöhen und wachzuhalten, führen einige Werkschutzabteilungen in unregelmäßigen Abständen stichprobenartige Sicherheitskontrollen nach Dienstschluß durch. Man prüft, ob die Behältnisse verschlossen und auch die Schlüssel unzugänglich aufbewahrt sind. Generalschlüssel- und Schlüsselbuchsysteme sind vielfach eingeführt. Man kontrolliert die Fernsehkameras, mit denen sicherheitsempfindliche Zonen abgedeckt sind, um unbefugte Personen per Bildschirm einzufangen. Man kümmert sich um unaufgeräumte Schreibtische und Aktenablagen. Vom Tresor bis zum Papierkorb wird nichts ausgelassen. Wo Unzulänglichkeiten oder Verstöße aufgedeckt werden, fertigt der Werkschutz einen Mängelbericht für den zuständigen Abteilungsleiter oder Betriebsführer.

Fotografierverbot

Das Verbot, zu fotografieren oder auch nur Fotoapparate in den Betrieb einzubringen, besteht häufig, und seine Durchsetzung erscheint wichtig.

Der professionelle Spion bedient sich hochqualifizierter Kleinkameras, die nur bei Taschenkontrollen oder Leibesvisitationen zu entdecken sind. Zur nachhaltigen Belehrung der fremden Besucher, aber auch der Gastgeber, empfiehlt sich ein Schild am Werktor in Form eines runden Verkehrsschilds mit rot durchkreuzter Kamera.

Raumpflege

In manchen Betrieben läßt man Räume, in denen geheimhaltungsbedürftiges Material lagert oder produziert wird, nicht mehr von werksfremden Putzfrauen reinigen. Diese Arbeit wird von Werksangehörigen innerhalb der Dienstzeit verrichtet.

Zwischenmaterial

Keinesfalls vergessen darf man das Zwischenmaterial, dieses sind Entwürfe, Stenogramme, Durchschläge, Farbbänder, Fotokopien, Negative und Pauspapier. All dies kann dem Spion, wie wir sahen, wichtige Aufschlüsse geben. Zwischenmaterial ist grundsätzlich ebenso zu sichern wie das Endprodukt. Soll es vernichtet werden, so genügt bloßes Zerreißen meist nicht. In einigen Betrieben sind kleine Reißwölfe mit beachtlicher Kapazität für bestimmte Abteilungen beschafft worden. Wenn Material außerhalb des Werkes verbrannt werden muß, so begleitet der Werkschutz den Transport.

Schriftliche Geheimschutzregeln

Durch schriftliche Dienstanweisungen sollten geregelt werden: Das Verbot telefonischer Besprechung vertraulicher Angelegenheiten; eine Genehmigungspflicht für die Mitnahme von Akten in die Wohnung oder auf Dienstreisen; die Benutzung von Lichtpaus- und Fotokopiergeräten, die leicht mißbraucht werden könnten; ferner das Zustellverfahren der werksinternen Hauspost, gegebenenfalls ist das Einschreibverfahren anzuwenden, und bei vertraulichen Sendungen sind Doppelumschläge zu benutzen, bei denen etwaige VS-Vermerke nur auf dem inneren Umschlag angebracht werden dürfen.

Der Abhörschutz

Der Abhörschutz erfordert heutzutage hochgradige technische Kenntnisse. Hier soll der Werkschutz keinen falschen Ehrgeiz entwickeln, sondern sich von einer geeigneten Elektronikfirma beraten lassen.

Bis vor kurzer Zeit war es möglich, Abhörgeräte (beispielsweise Sender im Telefonapparat) verhältnismäßig einfach mit Hilfe einer Radio-Antenne akustisch zu orten. Man konnte auch Störgeräusche-Sender installieren, die jedes Gespräch wie Chinesisch klingen lassen, oder elektronische Drahtschlaufen anbringen mit Signalen, die sich wie ein Dutzend Eier in der Bratpfanne anhören. Man konnte bei Unterhaltungen das Radio auf volle Lautstärke stellen oder eine Handbrause andrehen. Das genügt heute nicht mehr unbedingt. Die modernsten Abhörgeräte lassen sich von solcher teils primitiver Abwehr nicht mehr täuschen oder verwirren. So bleibt nur die mühsame visuelle Aufdeckung und der Trost, daß schwer zu entdeckende Abhöreinrichtungen auch nicht ganz leicht installiert werden können.

Totale Sicherheit gibt es nicht, sie böte allenfalls ein völlig aus Blei gefertigter Spielraum, der aber wohl zu teuer wäre.

Vorbildlicher Raumschutz

Immerhin gibt es Betriebe, in denen etwa die Räume der Vorstandsmitglieder wie folgt geschützt sind: Wände, Decken und Fußböden sind unter der Holzverkleidung mit Kupferfolie austapeziert, so daß ein elektromagnetischer Schirm besteht. Die Luftkanäle der Klimaanlage sind engmaschig vergittert und mit Schallschluck-Labyrinthen versehen. Die Deckenkonstruktionen von Raum zu Raum sind nur durch Kunststoffbrücken miteinander verbunden. Die Aluminium-Jalousetten der Fenster sind geerdet. Die Heizungsrohre sind bei jedem Raum-Ausgang unterbrochen und mit Gummimanschetten wieder zusammengeführt. Die Lautsprecher haben Trennverstärker mit Rückwärtsdämpfung. Alle nicht benutzten Leitungen sind miteinander verbunden und kurzgeschlossen.

Neben dem Aufbau einer belastbaren Zuverlässigkeit der Mitarbeiter und konsequenter Anwendung von Geheimschutzvorschriften ist freilich die Nutzung des zeitlichen Vorsprungs ein sicheres Abwehrmittel gegen Betriebsspionage. Jede Information ist für Unbefugte nur dann verwertbar, wenn ihr Inhalt sich ausnutzen läßt, bevor dies am Ursprungsort schon geschehen ist. Ist also „das Kind bereits in den Brunnen gefallen“ und der Spionagefall festgestellt, dann ist — wirtschaftlich gesehen — sofortiges Reagieren auf die veränderte Situation wichtiger als die kriminalistische Ermittlung.

Der Objektschutz

Der auf Sabotageabwehr zielende Objektschutz wird gewährleistet einmal durch den äußeren Sicherheitsring (die Werkseinfriedung, den Pförtner und den Streifendienst) und die spezielle Sicherung gefährdeter Gebäude oder Betriebsteile.

Der Sicherheitsring

Für das allgemeine Sicherheitsbedürfnis eines Werks kann es wesentlich sein, ob der Betrieb in einer Großstadt oder auf dem flachen Land angesiedelt ist. Ein Betrieb in einer ländlichen Gegend ist im Prinzip leichter übersehbar. Die Nachbarschaft eines bewaldeten, unübersichtlichen Geländes, einer Asozialen-Siedlung, eines verrufenen Stadtviertels kann stärkere Sicherheitsvorkehrungen nötig machen. Andere, schlecht gesicherte Betriebe können mit ihren Schwächen das eigene Werk beeinflussen.

Für die Einfriedung eines Werks gilt der Grundsatz: Je besser und stärker sie ist, desto weniger Wachpersonal wird für die Außenkontrolle benötigt und umgekehrt. Dabei ist nicht entscheidend, ob eine Mauer oder ein Zaun das Werk umschließt. Jedenfalls soll die Einfriedung hoch und stark genug sein, um nicht ohne weiteres durchbrochen oder überstiegen werden zu können. Vor allem muß sie, abgesehen von den besonders bewachten Werktoren, lückenlos sein, denn auf „natürliche" Grenzen und ihre Schutzfunktionen darf man sich nicht unbedingt verlassen (Waldstück, ungesicherter Fluß usw.).

Nachtstreifen

Zur Nachtzeit hat der Streifendienst des Werkschutzes eine besonders wichtige Aufgabe zu erfüllen, die durch gute Ausleuchtung des Betriebsgeländes unterstützt werden kann. Man beherzige die Faustregel, daß Nachtstreife nicht von „Nachtwächtertypen" gegangen werden darf, sondern von gesunden, voll einsatzfähigen Männern mit Entschlußkraft, Besonnenheit und Erfahrung. Auch kleinste Unregelmäßigkeiten und Auffälligkeiten (Mängel an Sperren und Verschlüssen, unerklärliche Geräusche, Bewegungen und Gerüche, Lichtausfall, Ölspuren, auslaufende Flüssigkeiten, vorschriftswidrig geparkte oder fremde Fahrzeuge, grobe Kratz- oder Schleifspuren u. a.) sind der Wachleitung oder der Nachtschichtaufsicht zu melden. Ein Werkschutzleiter versäumt seine Pflichten, wenn er nicht öftcrs in eigener Person seine Streifengänger kontrolliert und ihnen so auch das Gefühl gibt, daß sie auf ihrem einsamen Posten nicht alleingelassen sind.

Innerer Objektschutz

Für den inneren Objektschutz sind die Anlage des Betriebes, die Anzahl und Anordnung der auf dem Werksgelände stehenden Gebäude grundlegende Sicherheitsfaktoren. Es macht einen Unterschied, ob die Gebäude in lockerer Bauweise verteilt sind, oder ob sie geschlossen große Komplexe bedecken und eine gemeinsame Straßenfront haben. Fertigungsanlagen mit wichtiger, gar geheimzuhaltender Produktion benötigen eine stärkere Bewachung als Lagerhallen mit Dutzendware.

Technische Hilfsmittel

Die Überwachung eines großen Geländes ist sehr personalintensiv. Außer verstärkter Streifentätigkeit bieten sich neuerdings aber auch technische Hilfsmittel an. Mit Radarsonden kann ein wirkungsvoller Schutz erreicht werden. Über zwei schwenkbaren Antennen wird ein Hochfrequenzfeld erzeugt, in dem Eindringlinge mit verschiedenen Ortungsverfahren festgestellt werden können. Stillstehende oder sehr langsam gehende Eindringlinge sind mittels der „Mikrowellen-Schranke" erkennbar, weil hier die Minderleistung der ausstrahlenden Sonde registriert wird.

Diese Radarsysteme sind nicht nur stationär, sondern auch beweglich verwendbar. Sie können mit Geophonen und mit Kameras kombiniert und durch Benutzung von Umlenkspiegeln auch räumlich in ihrer Wirksamkeit ausgedehnt werden.

Neuralgische Punkte

Besonders geschützt werden müssen Elektrizitätsquellen, Trafostationen, Notstromaggregate, Rechenzentralen, Wasser- und Gasbehälter. Tanks für Flüssigstoffe sollen mit Überlauf-Vorrichtungen versehen sein. Vor ebenerdigen Büros dürfen keine Autos parken und keine Mülltonnen stehen. EDV-Anlagen sollten mindestens vier Meter von der Fensterfront abgesetzt sein.

Auch in diesem inwendigen Bereich werden bisweilen Mängel festgestellt, die schlimme Folgen haben können. So ist zum Beispiel zu gewährleisten, daß keine Reizstoffe oder Tränengas in die Luftschächte eines Gebäudes (z. B. Verwaltung) eingebracht werden können und daß es nicht möglich ist, entsprechende Bomben auf die ebenerdigen Abdeckroste zu werfen. Aufzugsschächte könnten eine Kaminwirkung entfalten, sämtliche Fluchtwege würden wegen Rauchentwicklung ausfallen, und das Gebäude könnte nur noch über das Dach per Hubschrauber verlassen werden.